EL

CAMINO

DE LA

FE

OTONIEL FONT

EL

CAMINO

DE LA

FE

UNA VIDA BENDECIDA

WHITAKER
HOUSE
Español

Editado por: Ofelia Pérez

El camino de la fe
Una vida bendecida
© 2023 por Otoniel Font

ISBN: 978-1-64123-985-1
eBook ISBN: 978-1-64123-986-8

Impreso en los Estados Unidos de América

Whitaker House
1030 Hunt Valley Circle
New Kensington, PA 15068
www.whitakerhouseespanol.com

Por favor, envíe sugerencias sobre este libro a: comentarios@whitakerhouse.com.

1 2 3 4 5 6 7 8 9 10 11 ᗐ 30 29 28 27 26 25 24 23

DEDICATORIA

*(...) trayendo a la memoria la **fe no fingida** que hay en ti,*
la cual habitó primero en tu abuela Loida,
y en tu madre Eunice, y estoy seguro que en ti también.
—2 Timoteo 1:5

Similar a Timoteo, desde muy niño me ha cubierto, y he recibido y aprendido la fuerza y la entereza de la **fe no fingida** de las primeras dos mujeres en mi vida.

Dedico este libro a mi amada abuelita, Noemí Negrón, baluarte de nuestra familia, que unía la impartición de su fe a sus amorosos cuidados... desde la Palabra correcta hasta nuestros inolvidables antojitos culinarios. ¡Te amamos!

Junto a ella, dedico mi obra a mi madre, Magali Nadal, cuya **fe no fingida** se mantiene incólume siempre, inspirando, no solo a sus hijos, sino a todos sus nietos y a cada persona que alcanza. ¡Gracias, mami, te admiramos!

AGRADECIMIENTOS

Este es un libro muy emblemático para mí porque representa la visión de fe que formó nuestro Ministerio Fuente de Agua Viva.

Agradezco a Whitaker House la oportunidad de publicar *El camino de la fe*, distinguiendo el apoyo de Bob Whitaker, presidente de Whitaker House; Christine Whitaker; Xavier Cornejo, director de Whitaker House Español; y Ofelia Pérez, nuestra editora durante muchos años.

Quiero, además, expresar mi agradecimiento a Rodolfo J. Cortés, mi colaborador investigativo para este libro; a Sergio Estrada Peregrina, quien me asistió en la redacción; y a Josué Blanco, gracias por tu valioso insumo para este proyecto.

Queda expresado, una vez más, el poder del acuerdo de los hijos de Dios. ¡Bendecidos!

*Otra vez os digo, que, si **dos** de vosotros se pusieren de acuerdo en la tierra acerca de cualquiera cosa que pidieren, les será hecho por mi Padre que está en los cielos.*

—Mateo 18:19

ÍNDICE

Por tanto, es por fe, para que sea por gracia, a fin de que la promesa sea firme para toda su descendencia; no solamente para la que es de la ley, sino también para la que es de la fe de Abraham, el cual es padre de todos nosotros (como está escrito: Te he puesto por padre de muchas gentes) delante de Dios, a quien creyó, el cual da vida a los muertos, y llama las cosas que no son, como si fuesen. Él creyó en esperanza contra esperanza, para llegar a ser padre de muchas gentes, conforme a lo que se le había dicho: Así será tu descendencia.

—Romanos 4:16-18

PRÓLOGO

En *El camino de la fe*, el pastor Otoniel Font te lleva a una extraordinaria expedición a través del reino de la fe. Este libro ofrece un enfoque bíblico profundo para conquistar desafíos y superar las luchas en nuestra vida.

Girando en torno a la historia de Abraham, *El camino de la fe* ejemplifica la habilidad excepcional del pastor Otoniel para triunfar sobre las adversidades. A lo largo de los años, he sido testigo de su determinación inquebrantable y su profundo respeto por los obstáculos que ha superado para llevar a cabo este libro.

Otoniel no es solo un pastor, sino también un devoto esposo y padre. Su vida ha estado marcada por diversas pruebas. Cuando asumió el papel de pastor después de la salida de su padre, se enfrentó a la abrumadora carga de millones de dólares en deudas. A pesar del desafío aparentemente insuperable que enfrentaron su organización y su iglesia, Otoniel demostró resiliencia, fe y un espíritu firme, y eventualmente, liberó a su iglesia de las garras de la deuda.

A medida que la iglesia floreció, también lo hicieron sus instalaciones y las responsabilidades de Otoniel. Luego, en septiembre de 2017, Puerto Rico fue azotado sin piedad por el huracán María, dejando una estela de devastación a su paso. La tormenta trajo lluvias torrenciales, alcanzando hasta 35 pulgadas, e infligió daños significativos a través de marejadas ciclónicas. La red eléctrica de Puerto Rico quedó destrozada, dejando a la Isla sin electricidad durante más de 90 días.

La iglesia de Otoniel, que había sido un faro de esperanza para miles de puertorriqueños, estuvo entre las víctimas del huracán María. Enfrentando la abrumadora tarea de reconstruir, sin recursos inmediatos, un templo que había albergado a seis mil personas, Otoniel perseveró. En un giro inspirador de los acontecimientos, no solo obtuvo fondos para reconstruir su propia iglesia, sino que también brindó asistencia a miles de otras iglesias y congregaciones en todo Puerto Rico. Su compasión y dedicación tocaron no solo a su propia congregación, sino también a muchos otros en toda la Isla.

Lo que realmente me cautiva de *El camino de la fe* es que está escrito por un hombre que ha superado las tormentas de la vida. Las experiencias de Otoniel no han sido nada fáciles y se ha enfrentado a pruebas que desafiarían la fe y la comodidad de cualquiera. Sin embargo, a través de sus escritos, comunica las luchas que todos enfrentamos con una comprensión profunda nacida de la experiencia personal donde la fe es el apoyo constante.

Al embarcarte en esta lectura iluminadora, ten en cuenta que los principios compartidos en *El camino de la fe* son impartidos por alguien que ha atravesado los fuegos de la vida y ha emergido con fuerzas renovadas. La capacidad de Otoniel para navegar por las inundaciones de la deuda y emerger con esperanza y optimismo para el futuro es un testimonio de la presencia inquebrantable de Dios en su vida.

Al profundizar en este libro, descubrirás las claves para superar con éxito tus propios desafíos, fortalecido por la sabiduría y la inspiración del pastor Otoniel Font.

Robert Whitaker, Jr.

Presidente

Whitaker House Corporation

INTRODUCCIÓN

VIDA, PROPÓSITO Y FE

Daniel abrió los ojos sin necesidad de que el reloj despertador le dijera "ya, ya, ya, ya, ya". Aún era de noche, aunque él sabía que el día había comenzado porque la oscuridad tenía el frío característico de un nuevo inicio. A lo lejos escuchó los sonidos de una ciudad que comienza a salir del sueño reparador. Una motocicleta ensordecida por la distancia. Un gallo afónico. El vecino que abre el baúl de su vehículo y lo cierra de nuevo. ¿Sería posible que él también estuviera a punto de emprender un viaje?

Cada sonido era una sílaba que la ciudad pronunciaba con una mezcla de pereza y esfuerzo, y Daniel las escuchó todas. Una a una. ¿Despertar o seguir durmiendo? ¿Levantarse o quedarse acostado? ¿Emprender el viaje a lo desconocido o seguir en la seguridad del "hubiera"?

Con los ojos ya bien abiertos repasó mentalmente la maleta que había preparado la noche anterior y sonrió. Estaba a punto de emprender el viaje de su vida, el que iba a cambiarlo todo. Un viaje de esos que se aparecen con un boleto tan solo de ida. Esa mañana tendría la presentación más importante de su carrera ante los dueños de la empresa.

En otra parte de la ciudad, Valeria estaba de pie frente a tres maletas abiertas. Siempre viajaba con la sensación de que se olvidaba de algo, pero esta vez quería asegurarse porque se iba a otro país a estudiar y no volvería sino hasta dentro de dos años. Repasó un listado imaginario para encontrar el fallo: zapatos, abrigos, computadora, blusas, la última carta que le escribió su abuelita, el retrato a lápiz que le regaló su papá, celular, baterías, cámara fotográfica, pasaporte… ¿pasaporte? ¡Bajó corriendo al mueble donde sus papás tenían la gaveta de los papeles imperdibles y encontró el documento!

Valeria agradeció en silencio la sabiduría práctica de sus padres. "Hay que tener un lugar para las cosas imperdibles", dijo en voz ni alta ni baja. Fue a cerrar las maletas mientras abría un espacio en su propio corazón para los imperdibles y atesoró ahí varios nombres. Vio por la ventana la tímida claridad del día que ya se abría paso entre el cemento y el asfalto. Escuchó los sonidos de la ciudad en la que había crecido y pensó en todas las personas que en ese momento estaban comenzando la rutina diaria. ¿Qué sonidos la esperaban en esta travesía?

Al igual que Daniel y Valeria, hay muchas personas emprendiendo viajes. De esos que cambian un poco la vida o de los que la transforman por completo. Porque los retan a dejar la ciudad que conocen, sus personas, sus sonidos, sus olores, sus rutinas, sus atracciones y sus recompensas. Quizás tú estás a punto de salir de lo conocido y tengas en tu mano un boleto de ida que te crispa suavemente los nervios. ¡No temas!

Mucha gente viaja a otros países o a tierras exóticas solo como una experiencia turística en la que viven un corto intercambio cultural sin efectos permanentes en su forma de ser o de vivir. Muchas personas se mudan de ciudad o país por distintos motivos y, con el tiempo, se adaptan al lugar en el que están. Aprenden el idioma, adoptan las costumbres, se apropian de los modismos y terminan siendo una especie de hijos adoptivos de esa nueva tierra.

El tiempo es un factor poderoso para generar cambios en las personas. Sin embargo, Dios no nos ha llamado a adaptarnos a este mundo, sino a transformarlo. Antes de poder transformar el mundo, se requiere un proceso de transformación interna y muy personal. Es a través de ese desarrollo de la mejor versión en la que podemos convertirnos, cuando podemos hacer una huella en nuestras familias, nuestro entorno y el mundo completo. Este debe ser el deseo de cada uno de los que hemos emprendido **el camino de la fe.**

DIOS NO NOS HA LLAMADO A ADAPTARNOS A ESTE MUNDO, SINO A TRANSFORMARLO.

El llamado de Dios para nosotros los cristianos es abrirle camino para que Él venga. Nuestro llamado es hacer que el cielo descienda a la tierra. Una de las peticiones que Jesús les enseñó a sus discípulos a decir mientras les instruía sobre cómo orar fue: *Venga tu reino. Hágase tu voluntad, como en el cielo, así también en la tierra*.[1] Cada paso que damos en nuestro viaje tiene que ser con propósito y sentido de destino. Cada uno de nuestros pasos debe dejar un destello de cielo a nuestro alrededor. No hay tiempo que perder y tenemos mucho que hacer.

Muchas veces parece imposible que si aprovechamos cada paso que damos en nuestro viaje, de seguro nos sobrará el tiempo. El factor tiempo es algo muy curioso porque, aunque es una medida cuantitativa, nuestra percepción influye demasiado en cómo lo experimentamos y lo que hacemos con él. Si estás en la oficina de un doctor y mientras esperas estás pendiente a las manecillas del reloj, parece ser que el tiempo pasa con lentitud. Esto es tan solo una percepción porque el tiempo sigue pasando igual; solo por la atención que le estamos prestando creemos que se va más lento. Para los niños, esperar un año es una eternidad; para aquellos que hemos ya vivido un tiempo, un año se va rápidamente. La cantidad de años que hemos vivido nos hace tener una perspectiva diferente de la rapidez y de lo que debe ocurrir en nuestras vidas. Llega a un punto que pensamos que no tendremos suficiente tiempo para completar todo aquello que siempre supimos que debimos hacer.

Una de las metas debe ser que nos sobre tiempo más que propósito; solo así podemos decir que aprovechamos cada momento. No es que lleguemos a un momento donde no queremos hacer más nada, sino queremos asegurarnos de que logramos cumplir y completar lo que Dios ha demandado de nosotros. El tiempo que te debe sobrar es para que contemples y disfrutes haber culminado tu viaje.

---

1. Mateo 6:10.

Para algunos el viaje se acaba cuando la vida termina, sin darse cuenta de que es imposible terminar con la vida, solo con la existencia. La vida no es una carrera en contra del tiempo y este viaje está determinado solamente por el tiempo de Dios para nuestras vidas. Vida es todo aquello que hacemos con nuestra existencia. Cuando usamos nuestra existencia con propósito, no tan solo viviremos, sino que tendremos tiempo para disfrutar de todo lo alcanzado.

Este viaje del **camino de la fe** no comienza cuando naces, sino cuando despiertas a tu realidad de caminar hacia el cumplimiento de tu misión en la tierra. Mientras más temprano despertemos, podremos maximizar cada momento. Para algunos, los años que más cuentan son los últimos, cuando la vida misma nos deja saber que nos queda menos para existir y desde ahí tratamos de vivir.

Hace un tiempo atrás, un gran amigo me regaló este poema:

Conté mis años y descubrí, que tengo menos tiempo para vivir de aquí en adelante,
que el que viví hasta ahora.
Me siento como aquel niño que ganó un paquete de dulces: los primeros los comió con agrado, pero, cuando percibió que le quedaban pocos, comenzó a saborearlos profundamente.
Ya no tengo tiempo para reuniones interminables, donde se discuten estatutos, normas, procedimientos y reglamentos internos, sabiendo que no se va a lograr nada.
Ya no tengo tiempo para soportar a personas absurdas que,

a pesar de su edad cronológica, no han crecido.

Ya no tengo tiempo para lidiar con mediocridades.

No quiero estar en reuniones donde desfilan egos inflados.

No tolero a manipuladores y oportunistas.

Me molestan los envidiosos, que tratan de desacreditar a los más capaces, para apropiarse de sus lugares, talentos y logros.

Las personas no discuten contenidos, apenas los títulos.

Mi tiempo es escaso como para discutir títulos.

Quiero la esencia, mi alma tiene prisa.

Sin muchos dulces en el paquete.

Quiero vivir al lado de gente humana, muy humana.

Que sepa reír de sus errores.

Que no se envanezca con sus triunfos.

Que no se considere electa antes de hora.

Que no huya de sus responsabilidades.

Que defienda la dignidad humana.

Y que desee tan solo andar del lado de la verdad y la honradez.

Lo esencial es lo que hace que la vida valga la pena.

Quiero rodearme de gente que sepa tocar el corazón de las personas.

Gente a quienes los golpes duros de la vida, le enseñaron a crecer con toques suaves en el alma.

Sí…tengo prisa…por vivir con la intensidad que solo la madurez puede dar.

Pretendo no desperdiciar parte alguna de los dulces que me quedan.

Estoy seguro que serán más exquisitos que los que hasta ahora he comido.

Mi meta es llegar al final satisfecho y en paz con mis seres
queridos y con mi conciencia. Tenemos dos vidas y, la
segunda comienza cuando te das cuenta
que solo tienes una.
Mi alma tiene prisa.

"Golosinas" por Mario de Andrade (Brasil 1893-1945)

Es triste que cuando te quedan pocas golosinas es que decides comenzar a saborear las que te quedan. Creo que podemos ser capaces de disfrutar de muchos años de golosinas si nos damos cuenta de que este es el verdadero plan. Tu final no tiene que ser uno de sufrimiento ni de remordimiento, sino de contemplación y admiración por todo lo que Dios te permitió vivir. De la misma manera que en el relato de la creación en Génesis se nos dice que Dios tomó un tiempo para descansar y contemplar todo lo creado, tú y yo debemos tenerlo. ¡Qué maravilloso sería que pudieras mirar por muchos años el resultado de tu vida de fe!

¿Qué tiene que pasar para que entiendas la importancia de despertar a la realidad de que necesitas emprender este viaje lo antes posible? He conocido personas que solo cuando es muy tarde se dan cuenta de que debieron haber comenzado **el camino de la fe** hace mucho tiempo. Para otros, un momento trágico les hace despertar a la realidad de que la vida debe tener sentido; si no, no vale el esfuerzo vivirla. Hace un tiempo estaba frente a una persona que lamentablemente sufrió una parálisis física. Pensaba cuán complicado debe ser saber que te queda más tiempo, pero que tu cuerpo no reacciona a las instrucciones que tu mente le está dando. Mientras meditaba en eso, creo que Dios me habló en mi corazón y me dijo que es más complicado para aquellos que, teniendo el cuerpo para completar su misión, simplemente no tienen la disposición del corazón.

El error de muchos es que cuando despiertan, dedican su tiempo a lo que ellos llaman "pasarla bien", dejando a un lado su misión y su propósito. La consigna mental es que hay que vivir la vida al máximo, y esto es sinónimo de diversión y disfrute. Como les queda poco tiempo, piensan que simplemente hay que aprovechar para darse los deleites y deseos que la sociedad o su mente les dicen que se merecen. En esa temporada la vida para muchos se trata de solo divertirse y reír. Invierten su tiempo y todos los recursos en cosas temporeras y de poco valor. La vida definitivamente hay que disfrutarla, pero más que eso, hay que invertirla. El tiempo invertido en el viaje que te presento en este libro produce transformación personal, transformación en los demás y transformación en nuestro mundo.

Hasta ahora, tal vez has visto a los protagonistas de La Biblia como ejemplos lejanos de lo que podría ser una vida invertida en la fe. Sé que algunas de las historias que estudiamos son demasiado asombrosas, e imposibles de asimilar en nuestros contextos sociales y culturales. Sin embargo, no son tan solo personajes de una época y nada más. Representan, como el Padre de la Fe, Abraham, lo que puedes ser tú en tu mundo, hoy. **El camino de la fe** es el mismo, con una trayectoria diferente porque eres otra persona, en otro lugar y otra época histórica. Pero la fe es una y es hoy.

Te invito a que decidas iniciar ya el único viaje que se convertirá en el centro de una vida con sentido y propósito, capaz de renovar tu interior, tu mente y tus acciones presentes y futuras... Este es el viaje más importante y trascendental que jamás emprenderás: **el camino de la fe.**

1

EL VIAJE DE LA
FE TRANSFORMA

Hace unos cuatro mil años, meses más, meses menos, existió un hombre en una ciudad como la tuya: ajetreada, bulliciosa, empolvada; con jardines, mercados y basureros. Una ciudad con su propia tecnología, su propia moda y sus propios retos y placeres. Esa ciudad era todo el mundo conocido de un hombre que supo que había llegado el momento de abandonarla y salir a encontrar su propia ciudad; esa para la que él había sido creado, y que había sido diseñada para él. Tú no podrías existir si no existiera un lugar preparado para que lo ocupes tú. Quizás todavía no lo has encontrado o no te has dado cuenta de que estás en él, pero puedes estar seguro de que existe. Ese espacio estás listo para que entres y te ubiques en él.

Este hombre entendió que lo esencial de esos viajes que te cambian la vida no es el "a dónde", sino el "con quién". Porque un viaje es bendecido si te conviertes en otra persona, si te llena de sabiduría y si te hace crecer. Hace cuatro milenios existió un hombre como tú y como yo, que aceptó la invitación de emprender e invertirse en un camino bendecido, en compañía del Dios que lo había llamado. Ese hombre era Abraham y ese Dios era el Dios de Abraham. Así que prepara el pasaporte del alma, porque nos vamos de nuestra propia Ur de los Caldeos para encontrar la vida para la que fuimos creados por el único Dios vivo.

> **UN VIAJE ES BENDECIDO SI TE CONVIERTE EN OTRA PERSONA, SI TE LLENA DE SABIDURÍA Y SI TE HACE CRECER.**

Aunque usaremos la vida de Abraham como guía para aprender de sus experiencias en este viaje, en realidad, este libro es sobre ti porque has comprendido que la vida puede dar mucho más de lo que estás obteniendo de ella. No se trata de lo que tu tiempo aquí te puede dar, sino de lo que tú puedes lograr con ese tiempo. Se trata de levantarte cada día con un claro propósito, sabiendo que eres necesario en el plan que Dios diseñó para tu vida, y teniendo la seguridad de que, aunque no todo lo que pase tenga sentido, por alguna razón aún estás aquí y aún quieres estar aquí. Este viaje se trata de ti y de lo que Dios quiere hacer contigo.

¿Por qué Abraham y no otro personaje? Creo que la vida de Abraham es una bastante ordinaria. Es la vida de un hombre que decidió comenzar un viaje junto a su familia confiando en que cada paso sería dirigido por Dios. Es una vida simple, pero significativa, por la transformación que ocurre en él y, por consecuencia, en el mundo entero. Este hombre es el padre de las tres religiones más importantes del mundo. Alguien que ha podido impactar a tantos millones de ser humanos a través del tiempo y cruzando las barreras culturales, es digno de ser estudiado.

En una ocasión, un hombre llevaba dos cántaros colgados de una vara que descansaba sobre sus hombros. Había llenado con agua los dos recipientes, y había emprendido su camino de la misma forma que otras tantas veces. Sin embargo, luego de un día de camino, al llegar a su destino, se percató de que uno de los cántaros estaba quebrado y el agua se había derramado. Sintió furia, frustración y pensó que todo su esfuerzo había sido en vano. En ese momento, lo encontró un amigo y al verlo frustrado, habló con él. Luego de una corta conversación, ambos hombres recorrieron un tramo del camino de regreso y vieron que en un lado del camino había flores y en el otro solo había tierra. El amigo le dijo al hombre: "El cántaro que se quebró fue regando la tierra y, si te fijas, este lado del camino está lleno de flores, de vida y colores, y el otro lado no. Tu caminar no fue en vano". Lo mismo pasa contigo. Nada de lo que has vivido ha sido en vano.

En el viaje de la fe no se trata de lo que recibimos, sino de todo lo que damos. Se trata de cómo Dios usa, a propósito, vasijas quebradas porque no las escogió para acumular riquezas o experiencias, sino para compartir de Dios mientras avanzan. Al final del viaje, Dios mismo les mostrará cómo regó la tierra a través de ellas, precisamente porque estaban rotas, y cómo preparó el camino para su retorno para que las vasijas, que somos tú y yo, podamos reinar junto a Él.

EN EL VIAJE DE LA FE NO SE TRATA DE LO QUE RECIBIMOS, SINO DE TODO LO QUE DAMOS.

Muchas personas desean ser usados por Dios, y pareciera que de alguna manera relacionan el ministerio con multitudes, estadios, conciertos, iglesias llenas a reventar y filas de personas que han recibido un milagro de sanidad o liberación. No sé cuántas veces he escuchado las expresiones: "Yo quiero ser alguien importante", "Yo quiero hacer algo sobresaliente", o "Yo quiero hacer algo fuera de lo común". Todo esto es bueno, y gracias a Dios por las cosas grandes que las personas hacen y por los inmensos logros que alcanzamos, pero la realidad de la vida del creyente no se trata solo de eso. Tú no necesitas llenar estadios ni tener seguidores para cumplir tu propósito, no tienes que ganarte un Premio Nobel para ser exitoso, ni romper un récord Guinness para sentir que tu vida tiene valor.

Los grandes avances y proyectos son geniales, pero hay mucho que puedes lograr también a partir de las cosas pequeñas. ¿Has pensado en cuántas personas (multitudes) podrías alcanzar con la vida que tienes ahora, los recursos que tienes ahora, las mismas condiciones que tienes actualmente, pero alineando tu caminar al propósito de Dios?

¿Te has puesto a pensar en todos los grandes acontecimientos que pueden ocurrir en tu vida a partir de los "pequeños" eventos de tu cotidianidad?

La historia de Abraham comienza con Dios buscándolo a él. De esa misma manera es que Dios te ha buscado a ti, de la misma manera en que te busca todos los días para compartir contigo, para hacer algo grande contigo. Si miras ese primer momento en que Abraham, en aquel entonces Abram, recibe su llamado de parte de Dios y emprende su camino de la fe, fue Dios quien lo llamó a Él.

Génesis 12:1 dice: *Pero Jehová había dicho a Abram.* Abraham no tenía nada de especial. Lo único que tenía fue un propósito que Dios le dio. Y eso mismo es lo que tienes tú: un propósito.

Hay muchas maneras en que tú puedes ser usado por Dios. El servir a Dios y ser usado por Dios no se trata de posiciones o multitudes, sino de oportunidades. Todos los días tú tienes una y un sinfín de oportunidades para ser usado por Dios. Cada día que te levantas tienes una y mil oportunidades para tener una experiencia extraordinaria con Dios.

Lamentablemente muchas personas se pierden estas oportunidades que se presentan constantemente porque ven su vida diaria como algo común y rutinario, con los quehaceres de cada jornada, su trabajo y responsabilidades, y piensan que no tienen nada especial para dar. La realidad de la vida en Cristo es que tú no necesitas tener nada, o poner nada de tu parte, sino simplemente creerle a Él. Entre más tú tengas y dependas de lo tuyo, tu mente te lleva a pensar que necesita menos de Dios.

Al igual que Abraham, todo lo que tienes no proviene de ti, proviene de Dios. La historia de Abraham es la historia de un hombre que le creyó a Dios, y eso le fue contado por justicia.[2] En otras palabras, su fe compensó sus propias fallas y carencias.

Pasamos la vida tratando de ser vasijas perfectas, sin quebraduras, sin rajaduras. Tratamos todo el tiempo de tener una

---

2. Ver Génesis 15:6 y Romanos 4:3.

vida que podamos llamar "perfecta", sin darnos cuenta de que la vida perfecta es lo que Dios puede hacer a través de nosotros y todo lo que Él puede lograr a través de nuestras fracturas. ¿Entiendes por qué Jesús dijo que no se podía echar vino nuevo en odres viejos? Porque en el camino de la fe, vas renovando tu vasija para poder recibir y llevar adentro el nuevo "vino", la nueva criatura transformada, el "hijo" del Padre, y vivir en el nuevo odre que tu fe ha formado para cumplir el plan de Dios.[3]

Si eres joven, no esperes hasta tu mayoría de edad para caminar con un propósito en tu vida, porque más tarde te sentirás frustrado por todos los años que ya pasaron y que no aprovechaste al máximo. Si eres mayor, entiende que el viaje comienza cuando tú lo decides y que todavía estás a tiempo de emprender la mayor aventura de tu vida, junto a Dios.

ABRAHAM Y TU CAMINO DE FE

La historia de la vida de Abraham se encuentra en el primer libro de la Biblia, el Génesis, a partir del Capítulo 11. Creo que está ahí porque nos habla del principio de un viaje que, en realidad, no terminó con Abraham, sino que siguió su curso a lo largo de la historia y siguió con Isaac, Jacob, José, Moisés, Josué, Samuel, David, Daniel, Esdras, Nehemías, Isaías, Jeremías, Jesús, Pedro, Jacobo, Pablo, Timoteo y, después de ellos, miles y miles de viajeros de fe que han seguido caminando con Dios. Un viaje que hoy llega hasta ti, para que tú seas uno de los nuevos testigos de Dios en este mundo.

Abraham es llamado el "Padre de la fe" por varias razones. En primer lugar, porque de su fe y de su visión de la vida nacieron

---

3. Ver Lucas 5:37-39.

las tres expresiones de fe más grandes del mundo hasta hoy. En segundo lugar, porque millones de personas han transformado sus vidas, provocadas por el testimonio de vida del patriarca. En tercer lugar, porque Abraham creyó en Jehová antes de que existiera la Biblia. Creyó en un solo Dios, aunque creció en una ciudad politeísta, y dio pasos de fe a pesar de que no había tenido un ejemplo a seguir. Abraham es llamado "Padre de la fe" porque fue el primero en atreverse a caminar en fe. Es más, Jesús mismo les dijo a los fariseos en Juan 8:39-47 que los verdaderos hijos de Abraham eran quienes oían sus palabras con los oídos de la fe.

En cuarto lugar, su vida es una ordinaria y se nos hará más fácil relacionarnos con él. ¿A qué me refiero cuando digo ordinaria? Cuando miramos la vida de Abraham no vemos grandes milagros como los que vivió Moisés. No lo vemos conquistar toda la tierra prometida como Josué. No lo vemos derrotar un gigante como lo hizo David. Lo que vemos en la vida de Abraham es un hombre que un día decide salir de su lugar y emprender un viaje confiando en que Dios le guiaría en cada paso. Vemos a un hombre que comete grandes errores y que todavía sigue caminando. Vemos a un hombre que se atreve a confiar en Dios cada vez más mientras menos posibilidades tenía. Vemos a un hombre que pasa los últimos años de su vida disfrutando de las últimas golosinas. Abraham vivió más tiempo disfrutando de lo que Dios había hecho con él, que el tiempo que vivió siendo procesado por el camino.

Mírate en Abraham en tu viaje de fe. ¿Eres capaz de caminar con quien no ves? ¿Eres capaz de confiar en quien no ves? ¿Obedecerías a quien no ves? ¿Eres capaz de caminar hacia lo desconocido? ¿Puedes atreverte a hacer cosas que nadie nunca ha hecho? ¿Te atreverías a darle un nuevo comienzo a toda tu familia? ¿Puedes creer que tienes cosas más grandes que alcanzar y que vivir, que las que has vivido? De eso se trata verdaderamente la fe en Dios: escucharlo, discernirlo, creerle y obedecerle. ¿Lo haces? ¿Lo harías?

No tomes este libro como una biografía de Abraham, sino como una autobiografía. He tratado de expresar en cada capítulo diferentes decisiones y momentos importantes que encontrará en su vida toda persona que sabe que tiene que alcanzar algo más grande. En la mayoría de los próximos capítulos comenzaré explicándote puntos cruciales en el viaje de la fe, con historias, anécdotas y ejemplos. Son cosas a las que todos nos tendremos que enfrentar o que debemos aprender. Entonces te haré referencia a la vida del "Padre de la fe" para que puedas tener alguien con quien identificarte.

> DE ESO SE TRATA VERDADERAMENTE LA FE EN DIOS: ESCUCHARLO, DISCERNIRLO, CREERLE Y OBEDECERLE.

Un padre es uno que planta una semilla que da origen a futuras generaciones. El hombre siembra una semilla en el vientre de su esposa y a partir de ahí comienza una familia. Abraham sembró una semilla en el vientre de su mujer que dio origen a la familia más grande y numerosa que ha poblado la tierra jamás. Posiblemente sea incontable la cantidad de personas que han vivido sobre esta tierra a partir de Abraham.

Así mismo tú puedes ser padre de un futuro que nadie ha contado jamás. Abraham no tenía más que una semilla que ni siquiera le era útil porque su esposa era estéril, pero comenzó a caminar en fe. En este libro yo te quiero hacer la misma invitación. Tal vez tú pienses que lo que tienes es inútil, que no tiene nada de especial, que eres una persona promedio. Pero ponte las tenis más cómodas que tengas porque estás a punto de embarcarte en la travesía de tu vida: **el camino de la fe.**

Uno de mis objetivos con este libro es que puedas mirar las altas y las bajas de un hombre que, un día, decidió caminar hacia Dios y, por esto, Dios decidió caminar con él. Lo que verás es un hombre que está luchando cada día lo que puede por agradar a Dios. Es un hombre que está decidido a salir y no regresar hasta que se cumpla lo que había recibido como una promesa. Es un hombre que cometió errores, pero fue capaz de enmendarlos y no permitir que el propósito divino se perdiera.

Creo que todavía Dios está buscando personas con las que Él pueda caminar en esta tierra; personas que se atrevan a ir hacia lo desconocido y conocerle a Él como muchos otros no podrán. Personas ordinarias, pero con una fe valiente. Personas ordinarias y llenas de errores, pero con una certeza inquebrantable de que sus vidas tienen un gran propósito. Personas decididas a comenzar y no retroceder hasta ver aquello que Dios ha puesto en su interior.

2

EL PUNTO DE PARTIDA
ESTÁ EN TI

Un aforismo bastante popular dice que "todo gran viaje comienza con un solo paso", con lo que intentan decirnos que todo inicio es pequeño. De hecho, algunas personas dicen que lo más difícil de un proceso no es el proceso en sí, sino la decisión de iniciarlo. Aunque la idea suena poéticamente atractiva, pienso que no es del todo correcta. Te explico.

Digamos que yo descuidé mis hábitos por varios años y con ese descuido se vio afectada mi salud. Ahora sé que para recuperar el buen funcionamiento de mi organismo debo comer de forma balanceada y hacer ejercicio, así que decido realizar unos cambios en mi vida para que el hábito de la buena alimentación y el hábito de la actividad física se conviertan en mis hábitos. ¡Y ya está! ¡La decisión está tomada! No fue tan difícil ¿cierto? De alguna manera, esa decisión teórica fue el primer paso de un gran viaje, pero lo que decidí hoy deberá decidirse de nuevo mañana, pero de forma práctica. Cuando el confort de mi habitación me invite a quedarme acostado en la tibia comodidad de las sábanas en lugar de salir, debo subirme en la bicicleta y pedalear por diez kilómetros.

Lo que quiero decir es que, si bien es cierto que todo gran viaje comienza con un pequeño paso inicial, también es cierto que solo se llega a buen término si se da otro paso y otro paso y otro paso hasta llegar al destino planeado. Un viaje de fe también funciona así. Hoy: decidir y hacer. Mañana: decidir y hacer. Pasado mañana: decidir y hacer. Una y otra vez. La decisión no es un instante; la decisión es constante. Cada mañana es una decisión de fe. Cada mañana se requiere seguir enfocado. Cada mañana se necesita que la fuerza de voluntad se active para continuar en el curso correcto. La decisión de ayer fue importante solo para ayer. Siempre recuerdo una frase de mi padre: "Otoniel, la fe es hoy". Nadie te dará crédito por la fe que tuviste un día. Ni Dios mismo te dará crédito por la fe que tuviste en el pasado. No existe tal cosa como que un día fuiste un creyente. La fe solo se puede expresar en el presente. La fe que cuenta es la de hoy. No se trata de comenzar en fe, sino de permanecer en fe por el resto de la vida.

> **LA DECISIÓN NO ES UN INSTANTE; LA DECISIÓN ES CONSTANTE. CADA MAÑANA ES UNA DECISIÓN DE FE.**

Cuando un equipo gana la Serie Mundial de Béisbol se convierte en campeón del torneo. Pero ese título de campeón le dura solo un torneo. Si quiere seguir siendo campeón, debe ganar la serie del próximo torneo. Suena bastante obvia esta lógica cuando la aplicas a los deportes, pero hay personas que en algún momento de sus vidas ganaron un solo torneo y actúan como si eso fuera suficiente para seguir siendo campeón de manera vitalicia.

En tu vida vas a enfrentar otros torneos, otras series mundiales en las que debes procurar salir vencedor. Tú te mantienes campeón de tu vida cuando haces lo que tienes que hacer de tu parte, para seguir cosechando las victorias. Celebra lo que has logrado hoy y disfruta lo que tienes en la actualidad, pero no olvides que el día de mañana vendrá otra prueba que vencer y otro esfuerzo que emprender.

Hay dos tendencias muy comunes en el ser humano: quedarse en el pasado o intentar adelantarse al futuro. Y ninguna de las dos es posible. Quizás tu pasado fue espectacular, y eso es bueno, pero no te quedes mucho tiempo celebrando las glorias del pasado porque puedes distraerte de celebrar las glorias que podrías tener hoy también. Tampoco intentes celebrar el futuro porque aún no ha llegado. Siempre es importante que recuerdes que lo único que tienes realmente es lo que está ocurriendo hoy.

LA FE ES HOY.

Recuerdo la angustia de la hermana de Lázaro al ver que Jesús aparentemente llegó tarde y, por lo tanto, su hermano había muerto. Marta sale al encuentro y le reclama diciendo: *"Señor, si hubieses estado aquí, no habría muerto mi hermano"*.[4] Jesús le

---

4. Juan 11:32.

preguntó si ella creía que su hermano resucitaría, a lo cual ella responde que ella sabe que resucitará en el día postrero. Jesús no le preguntó lo que sabía, sino lo que creía. Más aún, Él le dijo: "Yo Soy la resurrección". En otras palabras, estoy aquí y ahora. El problema de Marta es que vivía en el pasado, "si hubieras" y al ser confrontada, se mueve al futuro "algún día". No sé cómo decírtelo de otra manera, amigo lector: La fe es hoy. Jesús no se dejó llevar por este comentario, sino que hizo lo que Él sabe hacer: cambiar el presente de todo aquel que tienen un encuentro con Él. En ese momento Lázaro se levantó de los muertos.[5]

¿En qué estás creyendo hoy?

¿En quién estás creyendo hoy?

¿Por qué estás creyendo hoy?

¿Para qué estás creyendo hoy?

¿Qué acción de fe estás haciendo hoy?

SUPERA LOS DISTRACTORES DE LA FE

Estudios científicos demuestran que nuestro cerebro está dispuesto a recibir más información durante los primeros veinte minutos del día, no del reloj normal, sino de tu propio reloj que inicia cuando despiertas. ¿Te imaginas? Los primeros veinte minutos de tu día tienen el poder de dirigir el resto de los mil minutos que pasarás despierto. El 2% del tiempo que pasas despierto en un día, determina cómo te irá en el restante 98% y por eso es necesario que tengas rutinas saludables que beneficien el resto de tu día. No se trata de vivir en "piloto automático", sino

---

5. Ver Juan 11:11-27.

de crear procesos que te permitan reflexionar en lo que Dios quiere y requiere de nosotros cada día.[6]

Vivimos en una época en la que huimos de las rutinas y, sin embargo, nuestro cerebro se siente cómodo cuando tiene rutinas porque eso le permite administrar los recursos biológicos de mejor forma. Por ejemplo, Albert Einstein vestía siempre el mismo traje gris, y una chaqueta Levi, para poder pensar en las cosas que para él eran las más importantes. En lugar de gastar energía escogiendo entre la camisa negra con botones grises o la camisa gris con botones negros, el cerebro del famoso físico alemán podía enfocarse en entender la velocidad de la luz, gracias a una rutina.[7] Estas rutinas son aburridas y monótonas, pero le dan el espacio a nuestra mente para enfocarse en aquellas cosas que nos permitirán alcanzar nuestra misión. Dejan el espacio libre en nuestro cerebro para poder avanzar con propósito y sentido en la vida.

Una gran mentira que muchos se han creído es que no tienen fuerza de voluntad. La realidad es que todos la tenemos, pero muchos están cansados y no tienen fuerza para ejercer la fuerza de voluntad porque cada decisión que tomamos en nuestra vida, a menudo trivial, va poco a poco quitando energías y cuando llegan las cosas importantes, ya no tenemos más fuerzas para decidir. Sin darnos cuenta gastamos todas nuestras fuerzas en existir y no en vivir. Nuestro afán de cada mañana es cómo tenemos que vestirnos y qué cosas tenemos que hacer para mejorar

6. Consulta en línea: https://www.entrepreneur.com/living/how-to-win-each-day-in-the-first-20-minutes-after-you-wake/326049

7. Consulta en línea: https://crfashionbook.com/mens-a26814027-albert-einstein-birthday-leather-jacket-fashion/#:~:text=For%20efficiency%20in%20his%20later,citizen%20in%20the%20mid%2D1930s.

un poco nuestra existencia. Ambas cosas nos restan energía para lo más importante.

Además, resulta interesante que alguien se escude con la razón de no tener fuerza de voluntad, cuando para otras cosas pareciera más bien ser bastante decidido. Lo que realmente ocurre es que tu fuerza de voluntad es selectiva, en otras palabras, tú decides, a veces de manera inconsciente, en qué te esfuerzas y en qué no. Lamentablemente algunas de las cosas por las que es más fácil que nos decidamos son aquellas que no representan un verdadero avance en nuestra vida, sino que se basan en cosas sencillas y poco trascendentales. El éxito cuesta, y la mayor parte del tiempo sale caro. Las cosas que realmente valen la pena valen más que la pena. Valen tu esfuerzo, tu tiempo, tus energías y hasta tu dinero.

Jesús mismo nos dijo en una ocasión que no nos afanemos por qué vamos a comer y vestir,[8] sino que recordemos que la vida es más que todas estas cosas. Cada momento que trabajo preocupado por aquellas cosas que son triviales y en las que debo confiar al Señor, gasto las energías que voy a necesitar para cumplir con mi propósito, mi misión y mi destino. La fe es consciente de que cada mañana es una oportunidad para añadir un eslabón más a lo que será nuestra trayectoria.

> CADA MAÑANA ES UNA OPORTUNIDAD PARA AÑADIR UN ESLABÓN MÁS A LO QUE SERÁ NUESTRA TRAYECTORIA.

---

8. Mateo 6:25-30.

Parte importantísima del viaje de la fe es aprender a confiar al Señor nuestras preocupaciones y dedicarnos a caminar con Él, dando prioridad a cumplir sus propósitos y su plan para nosotros. Si lo hiciéramos en todo tiempo, tendríamos la fuerza de voluntad para decidir y hacer lo que es relevante a su Reino.

Uno de los más grandes errores del hombre en el Jardín del Edén fue justamente que valoró otras cosas más que su caminar con Dios. Adán y Eva creyeron la mentira de que había algo más grande que su camino de la fe y quisieron ser como Dios cuando tenían el más grande privilegio de todo el Universo: caminar con Dios.

¿En dónde estás poniendo tu valor? ¿En qué se te va tu día? ¿En qué piensas la mayor parte del tiempo? Tus prioridades definen tu presente. Siempre vas a dedicar tu día y tu tiempo a aquello que es importante para ti. ¿Has revisado tu agenda últimamente? ¿Qué ocupa la mayor parte de tus días?

Ciertos teléfonos inteligentes tienen la función de usar el sistema del GPS (Sistema Global de Posicionamiento por sus siglas en inglés) para guardar un registro sistemático de todos los lugares donde la persona ha estado y carga su dispositivo con ella.

Es toda una sorpresa abrir esta función en el teléfono y si nunca lo has hecho te invito a que lo hagas. Yo lo he hecho y recuerdo mirar desconcertado la pantalla de mi teléfono pensando para mis adentros: "¿En qué momento pasé yo por aquí?". Y es que entre tanto caminar a veces puedes olvidar los lugares donde has estado o cuántas veces has estado ahí.

Creo que a veces debemos abrir nuestro GPS interno y revisar aquellos lugares que frecuentamos más, y aquellos lugares donde caminamos comúnmente. Esto podría darnos una buena mirada sobre cuáles son aquellas cosas que consideramos importantes para nosotros.

Si tienes un deseo, un sueño en tu vida, pero tus pies no te están llevando por el camino que te podría hacer llegar a ese sueño, es muy probable que debas evaluar tu caminar.

Otro de los retos más grandes que enfrentamos en la sociedad es el deseo de grandes resultados en poco tiempo y con poco esfuerzo. Escuchaba hablar en una entrevista a Michael Phelps, el mejor nadador de la historia, y decir que por muchos años entrenó 365 días al año. Confesaba que no todos los días quería entrenar, pero que esos días iba de todas maneras, y era cuando veía mejores resultados. Esa es precisamente la actitud correcta de establecer y tener una relación íntima con Dios: orar a diario, quieras o no; lo "sientas" o no. Mientras más te relaciones con Dios, más profundo y fructífero será tu viaje de fe y más crecerás en el camino. Abraham obedecía, a pesar de vivir en un mundo politeísta como en el que vives tú, lleno de distracciones. Vive *"orando en todo tiempo"*.[9]

La fe no es rutinaria ni de hábitos, sino que es una decisión de cada día. Mis hábitos y rutinas solo me aseguran que aquellas cosas básicas están cubiertas para tener las fuerzas necesarias para actuar en fe cada mañana. Te invito a que seas intencional en darle dirección a tu día, tomando en cuenta la importancia de los primeros veinte minutos de tu mañana y diseñando una rutina que te permita iniciar cada día con un tiempo de silencio en el que busques la voz de Dios en tu interior.

---

9. Efesios 6:18.

El rey David buscaba a Dios en la mañana, en los primeros momentos del día, para que el resto de su tiempo fuera dirigido por la voluntad del Señor. Cada mañana pregúntale a Dios qué es lo que Él quiere que tú hagas. Cada mañana decide caminar por fe. Cada mañana, antes de hacer nada, toma un tiempo para estar en silencio con tu creador y dejar que Él hable a tu vida para que te dirija.

Hay un reto más que tenemos que enfrentar cada día y es el reto de quererlo saber todo. Nuestras mentes desean más información de la que necesitan y, peor aún, de la que pueden retener. Nuestro cerebro es capaz de almacenar más información que la computadora más moderna, pero eso no significa que la necesite ni que la sepa procesar. Hay un concepto en el ejército que es muy interesante y se conoce como "NEED-TO-KNOW- BASIS". Básicamente solo se te dará la información que necesitas para cumplir con tu misión. Esto para muchos es muy difícil de comprender porque nuestra mente nos dice que para sentirse confiada necesita conocer todos los detalles. La realidad es que tú no necesitas conocerlo todo; solo conocer a aquel que lo conoce todo. Dios no ha prometido ordenar toda tu vida, pero sí ordenar cada uno de tus pasos.

CADA MAÑANA PREGÚNTALE A DIOS QUÉ ES LO QUE ÉL QUIERE QUE TÚ HAGAS.

Cuando Eva comió del árbol prohibido por Dios y luego le dio de comer a Adán, no lo hizo con el deseo de tener más poder, sino con el deseo de conocer más. El árbol era el del conocimiento del bien y del mal; no el árbol de todo poder. Esa codicia de conocimiento provocó que ella desobedeciera a Dios, trayendo sobre su vida grandes consecuencias. ¿Es malo desear conocimiento? No, lo malo es desear más de lo que Dios nos quiere decir para que confiemos en Él. Lo malo es condicionar nuestra fe en Dios basado en lo que conocemos. Lo malo es pretender conocerlo todo para entonces tomar acciones de fe. Lo malo es pensar, "si conozco todos los detalles, entonces tendré seguridad".

Como si fuera poco, el conocimiento es en realidad un espejismo. Tú crees que sabiendo más y teniendo más información vas a alcanzar la paz y tener todo en orden. Lo que realmente ocurre es que corres el peligro de que entre más conoces, más tienes de qué preocuparte.

El conocimiento no soluciona problemas, los problemas se solucionan con acciones correctas. De nada te sirve saber si no actúas. ¿Para qué necesitas saber lo que debes hacer la próxima semana si aún no lo puedes hacer?

FE ES CAMINAR JUNTO A DIOS SIN CONOCER TODOS LOS PASOS NI EL CAMINO COMPLETO.

¿Quieres otro espejismo? ¿Qué te garantiza que vas a necesitar todo el conocimiento que puedas tener? ¿Recuerdas cuando Dios le dijo a Abraham que contara las estrellas? Dios sabía que no las iba a poder contar. Y de la misma manera es importante que entiendas que hay cosas que no vas a poder enumerar o hay datos y detalles que no vas a poder conocer. Pero la instrucción real de Dios a Abraham en ese momento era primero, que saliera de su tienda, y segundo, que mirara las estrellas. Dos acciones concretas que Abraham debía acatar.

Déjale los números y los detalles a Dios, tú concéntrate en ese próximo paso que debes dar: sal de tu tienda, y mira las estrellas.

Cada día es una aventura de fe donde Dios nos va a mostrar lo que necesitamos saber para ese día. ¿Por qué pretendes que Dios te dé más conocimiento, si todavía el que tienes no lo has usado o no lo has ejercido? De hecho, fe es caminar junto a Dios sin conocer todos los pasos ni el camino completo.

CAMINAR POR FE

La Biblia dice que Abraham salió de Ur de los Caldeos sin saber en realidad a dónde iba y Dios le mostró el destino cuando llegó a la tierra que Dios le iba a prometer. Si Abraham se hubiera rendido en cualquier punto del camino y hubiera vuelto a Ur, o si hubiera decidido quedarse a mitad de camino y dejarse vencer por los obstáculos o inconvenientes, nunca habría visto lo que Dios tenía preparado para él y sus descendientes.

Quiero que imagines que vas con tu esposa o tu esposo por una carretera a las nueve de la noche. Es uno de esos caminos de asfalto, pero sin señalización. No hay líneas de pintura reflectiva; solo el asfalto. No hay señales que te avisan de las curvas que vienen; solo el asfalto. No hay alumbrado público; solo el asfalto. Además de todo lo que no hay, está lloviendo, el camino tiene muchas curvas y hay niebla. A un amigo le sucedió esto y cuando me contó la experiencia, noté muchos aprendizajes sobre la fe y te quiero compartir tres que creo son fundamentales para este momento.

1. EL CAMINO DE LA FE NO ES RECTO, NO ESTÁ SEÑALIZADO Y ES POCO TRANSITADO, PERO TE LLEVARÁ A DONDE DIOS QUIERE QUE ESTÉS.

Caminar por fe se parece a esa carretera poco transitada y sin señalización en el que la única "guía" que tienes es el camino en sí mismo. Es un camino que alguien más construyó y que sigues porque confías en que te llevará a donde quieres que te lleve. Caminar por fe es muy parecido. Nunca tienes el panorama completo de lo que pasará la próxima semana, el próximo mes o el próximo año, pero sigues avanzando porque confías en Quien hizo el camino. Sabes que la curva en la que estás en este momento te llevará a la siguiente y a la que viene después y que, eventualmente, llegarás al lugar que esperabas. Tú no diseñaste el camino, pero sabes que Dios sí lo hizo y que cada curva, cada ascenso, cada tramo, fue hecho para conectar tu punto de partida con tu destino.

El principio es claro: Dios tiene un destino señalado para ti. Él ha soñado y planeado las cosas que desea para tu vida, y todas son buenas, pero no siempre se llega tan fácil.

En la película de antaño, El Mago de Oz, Dorothy y los demás personajes tenían una misión; querían entrevistarse con el Mago, sin embargo, no sabían dónde encontrarlo. De repente apareció la solución a sus problemas: tenían que seguir la calle de ladrillos amarillos. No había cómo perderse, la ruta estaba señalada.

El camino de la fe dista mucho de ser tan visible y señalizado. No hay marcas ni colores que puedas ver que te dejen saber que estás en el camino correcto. La fe no tiene que ver con lo visible. Pero sí hay una convicción dentro de ti que te permite saber, sin duda alguna, que estás en el camino correcto.

Dios le dijo a Abraham: *Vete de tu **tierra** y de tu parentela, y de **la** casa de tu padre, a **la tierra que te mostraré.***[10] Abraham sabía de dónde estaba saliendo, pero no sabía a dónde iba a llegar, pero salió en fe.

El camino de la fe no siempre se recorre sabiendo el destino exacto con nombre y coordenadas geográficas; no siempre vas a saber el punto exacto a donde vas a llegar. Pero se recorre con la convicción del siguiente paso que debes dar y con la certeza de que sea cual sea el lugar donde Dios te va a llevar, es un lugar bueno.

2. SI CAMINAS POR FE, TENDRÁS QUE APRENDER A HACERLO DESPACIO, CON PACIENCIA, PUES LA IMPACIENCIA GENERA ERRORES.

A veces, además del reto del camino, también tendrás obstáculos extras como la niebla, la lluvia y la noche cerrada. ¿Cuál es la clave para avanzar? Te respondo con una palabra: Despacio. En la vida de fe desesperamos a menudo y queremos acelerar, avanzar más rápido, quemar etapas con mayor frecuencia. ¡Queremos llegar ya! Pero cuando la visibilidad es más difícil, lo mejor es bajar la velocidad para tener más tiempo para reaccionar. La paciencia es fundamental cuando viajas por fe y, además, en el viaje encuentras obstáculos que te dificultan la visibilidad. A Abram le pasó: Se impacientó y en la niebla de la

10. Génesis 12:1.

incertidumbre tomó la decisión de tener un hijo con una mujer que no era la mujer del plan de Dios.

EL CAMINO DE LA FE ES UN CAMINO DE TODA LA VIDA.

Uno de los peores enemigos de la excelencia es la prisa. De hecho, Dios no hace las cosas pensando en el tiempo, Dios hace las cosas pensando en hacerlas bien. Si miras en el libro del Génesis, Dios pudo haber creado los cielos y la tierra en un solo día. Bastaba solo con abrir su boca, dar la Palabra y las cosas eran hechas.

Pero Dios se tomó seis días para trabajar en su creación. Y cuando terminaba un día, si lees con atención el relato de la creación, la Biblia dice que Dios miraba lo que había trabajado durante ese día y veía que era bueno. En otras palabras, contemplaba lo que estaba haciendo y lo disfrutaba.

El camino de la fe no es un camino de un tiempo corto o de una jornada solamente. El camino de la fe es un camino de toda la vida. Es un camino donde pasas por diferentes etapas y estaciones, y si lo haces con paciencia y esmero, aprenderás a disfrutar y sacar el mejor provecho a cada una de esas etapas.

3. EN UN VIAJE DE FE SIEMPRE ES MEJOR IR ACOMPAÑADO.

El aprendizaje número tres que logré extraer de la historia de mi amigo fue que en un viaje de fe siempre es mejor ir acompañado. Fueron tres matrimonios, cada uno en su vehículo, que decidieron hacer este viaje juntos. Aunque la responsabilidad de liderar la caravana recayó en el auto que iba al frente, todos se hicieron mutua compañía y sabían que podían apoyarse en los demás si ocurría algún problema. En todo viaje de fe hay tiempo para ir solo y tiempo para ir acompañado, así que se escoge correctamente a quienes pueden hacerte compañía y en qué período de tu viaje. Que aquellos que te acompañan sean de ayuda para ti y tú para ellos.

> **VIAJA LIVIANO Y CONFIANDO EN QUE DIOS TE ESTÁ DIRIGIENDO, PERO VIAJA DECIDIDO A LLEGAR HASTA EL FINAL.**

Estoy seguro de que tú estás comenzando hoy un viaje mientras lees este libro. Es más, la lectura del libro es una parte de tu viaje, porque decidiste adquirirlo, abrirlo, ojearlo, leer el prólogo, leer la introducción, leer el primer capítulo y aquí estás, avanzando, invirtiendo un pedacito de tu tiempo. Vas curva tras curva en el camino de este libro, pero aún te faltan varias páginas por leer.

Vivir y caminar por fe dependen de la incertidumbre que estés dispuesto a manejar. Quiero que notes que no dije la incertidumbre que *puedas* manejar, sino la que *estés dispuesto* a manejar, porque cuando vives por fe no existen manuales, ni instructivos. Cuando Jesús envió a sus discípulos a distintos poblados a predicar y hacer milagros, les dijo que no llevaran nada para el camino. Los envió sin provisiones porque los había mandado en un viaje de formación en el camino de la fe. Al volver, les preguntó si les había faltado algo de todo lo que necesitaron y la respuesta fue un rotundo "nada". Viaja liviano y confiando en que Dios te está dirigiendo, pero viaja decidido a llegar hasta el final. Tú no eres de los que se quedan a mitad del camino. Tú no eres de los que dejan las cosas a medias.

Quizás a algunas personas les haya sonado fuera de lugar la palabra incertidumbre cuando se trata de la fe. Recuerda que la fe no trabaja con el conocimiento, sino con la esperanza y la convicción. Tú no tienes que saber para tener fe. No tienes que conocer para estar convencido.

Cuando entras a tu auto y le das vuelta a la llave tú sabes que el motor se va a encender y tu carro te va a llevar a donde quieras ir. Lo más probable es que tú no tengas el conocimiento real de cómo funciona un motor ni del mecanismo que hace que tu auto avance, pero no tienes que saberlo para que tengas la convicción de que tu auto te va a llevar. Tú sabes que así va a ser, porque para eso son los autos.

Si estás dispuesto a manejar la incertidumbre de usar tu auto sin saber cómo es que funciona su sistema operativo, con más razón deberías estar dispuesto a manejar la incertidumbre de este camino que estás emprendiendo.

¿Sabes qué es lo mejor de todo? Que no estás solo en este camino. Hay miles, o, mejor dicho, millones de personas que, como tú, están caminando hacia el destino maravilloso que Dios tiene preparado para sus vidas. Estás en muy buena compañía.

Ahora quiero que pienses en el viaje de vida que has hecho hasta hoy. Puede que hayas nacido en un hogar cristiano y hayas sido parte de una iglesia toda tu vida. Quizá viniste a Cristo alrededor de los veinte años y hoy estás en una encrucijada de vida. Tal vez hayas abrazado el mensaje del evangelio y luego te alejaste por un tiempo. Quizá tienes problemas de salud, dificultades matrimoniales o reveses económicos y estás buscando la ayuda de Dios. O incluso puede que aún no estés siguiendo a Cristo y alguien te regaló este libro porque te quiere; o fuiste tú mismo quien lo compró porque sientes un vacío interno que no has podido llenar y sentiste en tu corazón que aquí había una respuesta. O quizás estás bien, perfectamente bien, y Dios mismo te está invitando a que lo acompañes en una gran aventura desde ese lugar de calma.

CUANDO LA VIDA TE PONGA A ESCOGER ENTRE RENDIRTE Y SEGUIR CAMINANDO POR FE, SIGUE CAMINANDO.

Sin importar cómo haya sido tu viaje hasta este momento o cómo haya iniciado, hoy estás aquí. A esto me refiero cuando digo que el punto de partida de tu propia aventura está en ti, porque a lo largo de toda la travesía tendrás múltiples oportunidades para regresar a ese lugar del que saliste, como Abraham, y tendrás que decidir si sigues o si vuelves. Te doy un consejo: no vuelvas atrás. Sigue adelante y cuando la habitación te ponga a escoger entre el descanso y la bicicleta, súbete a la bicicleta. Cuando la costumbre te ponga a escoger entre cerrar este libro o seguir leyendo, sigue leyendo. Cuando la vida te ponga a escoger entre rendirte y seguir caminando por fe, sigue caminando. Cada nuevo día es un nuevo punto de partida y cada oportunidad para retroceder también es una oportunidad para avanzar. Si sigues caminando hacia delante... ¡No te arrepentirás!

3

TU PROPIA
UR DE LOS CALDEOS

¿Alguna vez has pensado en cómo sería tu vida si hubieras nacido en otro lugar? Para empezar, si hubieras nacido en un lugar de habla oriental, ni siquiera estarías leyendo este libro en español y estarías esperando la edición en tu idioma. Tus costumbres serían diferentes y quizá también tus sueños y anhelos serían otros. Tus creencias podrían ser un poco distintas de lo que son hoy si hubieras nacido, por ejemplo, en una cultura más conservadora o liberal. La gente que se muda a otro país o ciudad en busca de una mejor vida, a menudo se encuentra con un inconveniente: sus circunstancias externas cambian, pero sus raíces internas no. Tratan de seguir viviendo de la misma manera como vivían en el lugar donde crecieron. Sin embargo, cuando en nuestra vida se da un cambio verdaderamente radical, como mudarse a otro país, es necesario que ese cambio físico vaya acompañado de un cambio mental y espiritual.

Esto es algo que también pasa en los matrimonios. El esposo y la esposa, ambos, traen sus propias costumbres, sus propios planes, sus propias inseguridades y formas de manejar el tiempo, el dinero y los demás recursos. Podría decirse que, al casarse, ambos traen su propia casa, lo que aprendieron, pero al hacerse uno en el altar, llega la hora de comenzar a crear un mundo nuevo, porque ya no es el mundo del uno y del otro, sino el de ambos.

Sé que todos tenemos un corazón nacionalista y patriota, sé que amamos la tierra donde nacimos, el pueblo donde crecimos y la calle en la que nos formamos. Todo eso es importante y debemos celebrar los lugares que se hicieron uno con nosotros mientras crecíamos, pero también es necesario que comprendas que el lugar donde naciste solo es la plataforma natural desde la cual Dios quiere desarrollar tu máximo potencial.

Todas las naciones tienen costumbres hermosas, pero también tienen ideologías y pensamientos que no necesariamente promueven la liberación de tu máximo potencial ni dejan que alcances el propósito que Dios tiene para tu vida. No se trata de que haya naciones mejores que otras, sino de que cada uno de nosotros luche, donde esté, contra las ideas y razonamientos que nos limitan y que no nos permiten alcanzar el siguiente paso que Dios tiene para nosotros.

Hay costumbres, ideas y tradiciones de un país que limitan que sus ciudadanos progresen y vivan mejor. Lo peor de esto es que por más dañinas que sean estas costumbres, no siempre las personas tienen la capacidad de identificarlas, mucho menos cambiarlas. En muchos países de América Latina, por ejemplo, las personas se quejan del tráfico, o del tiempo de desplazamiento de un lugar a otro debido a la gran cantidad de vehículos que circulan por las calles. Y es cierto, las carreteras de nuestros amados países dejan mucho que desear.

Pero no se le puede achacar toda la culpa a la infraestructura vial buena o mala que tengan nuestras ciudades. Si miras de cerca las calles de tu comunidad, es probable que te des cuenta que las costumbres de los conductores, así como la cultura vial de los ciudadanos está prácticamente al mismo nivel de lo que muchos denotan una mala infraestructura.

En los años anteriores circuló una campaña de cultura vial impulsada por un gobierno local europeo, cuya finalidad era crear consciencia en los conductores acerca de las costumbres contraproducentes de algunos que terminan dañando a la colectividad.

En el anuncio se veía una persona haciendo fila en la caja de un supermercado con su carrito de compras, mientras que otra persona se le venía por detrás y le pasaba al lado para posicionarse delante del que ya estaba esperando su turno en la fila.

Claramente el grueso de la audiencia mostró desaprobación y repudio por las acciones del comprador que no respetó el espacio del otro, pero la realidad es que esa es una costumbre muy presente en la cultura vial de muchos países. La cultura del lugar donde resides tiene una gran influencia sobre tu vida, pero no todo proviene de lo macro; lo mismo se desarrolla en los niveles más pequeños del entorno social.

Así como las naciones tienen su propia identidad, cada familia es también una nación dentro de una nación, porque cada familia tiene sus propias tradiciones internas y, lastimosamente, también tiene sus propias limitaciones.

Quiero que pienses en el área donde trabajas o en el área en la que tienes tu negocio o empresa; transporte, leyes, ingeniería, arquitectura, música, etc. Ahora que tienes este pensamiento responde esta pregunta: ¿De qué ciudad del mundo saldrían los mejores exponentes de esta área profesional? Es decir, si eres arquitecto, ¿de qué ciudad saldrían los mejores arquitectos? O si eres barista, ¿de qué ciudad saldrían los mejores?

Es probable que tu respuesta haya sido el nombre de una ciudad en la que tú no vives o una ciudad en la que se encuentra la universidad que tradicionalmente ha producido a los mejores de tu campo laboral. ¡Es normal! Los seres humanos tendemos a categorizar y clasificar las ciudades y los países de la misma forma que lo hacemos con las demás personas.

Esto le pasó a Natanael, hace casi dos mil años, cuando Felipe se le acercó emocionado hasta la agitación física y le dijo que habían encontrado al Mesías. Ambos eran parte de un pueblo que llevaba siglos esperando a que su Salvador apareciera. La tensión de la expectativa no solo se acumulaba, sino también se heredaba. Generación tras generación, el pueblo de Israel heredaba esa esperanza de padres a hijos y a nietos y a bisnietos y a tataranietos. Si tú y yo hubiéramos sido parte de esa nación, seguro habríamos esperado que el Mesías naciera en Jerusalén, porque habríamos estado esperando a un rey nacido en el palacio y no en una aldea tan pequeña que solo generaba preguntas. Habríamos hecho la misma declaración que hizo Natanael: *"¿De Nazaret puede salir algo bueno?"*.[11]

---

11. Juan 1:46.

Y la verdad es que, aunque hoy haya interés turístico en el pueblo donde nació Jesús, en su momento no tenía nada de especial. Era un pueblo como cualquier otro de la época y, en realidad, como el pueblo o la ciudad donde tú vives hoy.

Algunas ciudades tienen reputación de producir los mejores abogados del país, otras son conocidas por producir los mejores productores musicales o los mejores maratonistas. Pero la mayoría de las ciudades no tienen una reputación tan definida. Piensa en tu ciudad y encontrarás lo que se espera de ella y, por lo tanto, lo que se espera de ti.

Como creyentes sabemos que nuestra existencia y nuestra vida no son casualidades. No es coincidencia el lugar donde hemos nacido y donde hemos crecido. Aunque creo que nunca podemos negar, ni debemos hacerlo, dónde nacimos, la realidad es que nuestro orgullo más grande debe ser pertenecer al reino espiritual de Dios. Por lo tanto, nuestro caminar en nuestra vida será influenciado por el lugar de donde venimos naturalmente, pero no puede ser lo que determine nuestro destino. Nuestra vida natural debe ser más influenciada por la realidad del espíritu que por nuestras circunstancias naturales.

Muchas personas tienen hoy la experiencia de sentir la necesidad de huir de sus países y no los culpo. La realidad es que hay lugares donde, por sus malas decisiones, se ha hecho insostenible tener lo básico para existir y mucho menos para vivir. Las historias que he escuchado son desgarradoras. Recuerdo hace muchos años atrás estar disfrutando de un hermoso crucero por el Caribe cuando de repente el capitán anuncia que el barco se estaba deteniendo porque habían visto una pequeña embarcación a la deriva.

Como todos los pasajeros, buscamos de alguna manera ver la embarcación y para mi sorpresa era un grupo de personas tratando de escapar de Cuba. El barco solo se pudo detener y esperar que llegaran las autoridades para rescatarlos, pero por ley no podían aceptarlos dentro del crucero. Fue un par de horas de todo este drama y mi mente no dejaba de dar vueltas, solo pensando en todo lo que yo tendría que estar viviendo para tomar una decisión como esta. Estas personas van en busca de una oportunidad para una mejor vida. Muchos están dispuestos a arriesgar sus vidas y dejarlo todo, solo por tratar de alcanzar sus sueños. Muchos que lo logran solo van a nuevos lugares para sostener a sus familiares en sus ciudades. Millones de dólares se envían a los países de Centro y Sur América.

¿Qué de aquellos que viven en lugares más cómodos y sin darse cuenta siguen siendo víctimas de las costumbres y cultura de sus países y familiares? A todos se nos requiere un día el comenzar a caminar fuera de la ciudad en la que hemos nacido y empezar a vivir para el destino que fuimos creados. Todos hemos sido llamados para convertir la tierra en el cielo del que todos venimos. Nuestra verdadera nación no es la terrenal, sino la espiritual.

Tu país es el lugar que Dios desea que tú transformes a través de tu camino. Para esto tienes que atreverte a caminar fuera del entorno socio cultural y familiar en el que has crecido. Lo importante es saber reconocer qué debemos honrar y qué debemos cambiar. Nunca podremos provocar una verdadera transformación deshonrando nuestra historia y a aquellos que nos precedieron.

En muchos países de Medio Oriente, incluso en Israel, el apellido o nombre familiar antecede por mucho el nombre individual. Se honra la raíz, el origen de la familia, así como se honra a la familia como tal. Yo soy Otoniel, sí, estoy feliz de ser quien soy, pero también soy un Font. Mi nombre me identifica, pero mi apellido me cubre. Y esta fue la intención original de Dios. Dios te creó, pero te estableció en una familia que te protege, te cuida y te forma. Tú eres, en parte, el resultado de tu familia.

De hecho, en la antigüedad los negocios y tratos comerciales se hacían gracias al nombre familiar, más que a la persona como individuo. ¿Te imaginas cómo sería que alguien te dijera: "¿Yo te voy a comprar este producto porque tú eres un Martínez, porque eres un Pérez?".

La sociedad actual ha llevado a las personas a considerar el nombre familiar como una carga en lugar de una bendición. La consigna es: "tú tienes que ser diferente a los demás". Esto se ha convertido en uno de los ataques más fuertes contra la familia que hemos visto en los últimos tiempos. El deterioro de la sociedad radica en el deterioro de las familias, y el mismo mecanismo opera a la inversa; el resurgimiento de la sociedad radica en el resurgimiento de la familia. Y es por esta razón que se convierte en una tarea vital para cada familia mirarse a sí misma y procurar una mejoría en aquellas cosas que no andan bien en su entorno.

Esta idea no es nueva; es una de las ideas más predominantes en estos días. Muchas ideologías modernas hablan de la deconstrucción de la cultura. El problema o reto no es si tenemos que deconstruir, sino qué es lo que tenemos que deconstruir. Basado en este concepto se han levantado decenas de ideologías que cada vez nos alejan de la posibilidad de vivir en un mundo mejor. Cada idea que nos aleja más de nuestro creador y de nuestra dependencia de Él nos alejará del verdadero propósito de la vida.

Nuestra fe tiene que ser renovada y nuestra vida reformada para que seamos la imagen y semejanza de Dios. Muchas personas le tienen miedo al concepto de la deconstrucción porque muchos han terminado negando la fe o simplemente siendo ateos. La realidad es que nunca podemos experimentar renovación en nuestras vidas si no existe un proceso de cuestionar y analizar aquellas cosas que nos han enseñado y que hoy debemos creer por convicción propia. El reto en estos tiempos es que este proceso no se lleva a cabo en un ambiente seguro donde se tenga realmente en mente el bienestar de las personas, sino la perpetuación de una ideología que les sirve solo a grandes intereses.

La pregunta no es si es malo deconstruir tu fe; la pregunta es quién te está guiando en el proceso de la deconstrucción. Asumamos que tuviste una buena niñez. Con esto me refiero a que estabas rodeado de personas que te amaron y cuidaron de ti. Estas personas te enseñaron ciertas cosas que ellos entendían que te ayudarían a sobrevivir y vivir en el ambiente en el que te encontrabas. Quizás hoy algunas o muchas de las cosas que aprendiste no te son funcionales. Es probable que muchas tienes que cambiarlas, modificarlas o adaptarlas. Para esto tiene que existir un proceso de deconstrucción de esas creencias para luego renovarlas o reformarlas.

Ahora; hay dos cosas que tienes que tener en mente con el ejemplo pasado. Primero partimos de la premisa que la gente que te enseñó te amaba. Por lo tanto, la base de lo aprendido era el amor que ellos genuinamente tenían por ti. La realidad es que el centro de la atención eran tú y tu cuidado. No podemos decir lo mismo de lo que ocurre hoy en día con tanta gente que desea que cuestiones todo, solo para que ellos puedan imponer en tu vida ideas que solo benefician a un grupo selecto y que desean hacer masa para apoyar estas ideas.

Si partimos de la premisa de que la gente que me enseñó me amaba e hizo lo mejor que pudo, entonces no todo lo que me enseñaron estuvo mal. Una de las peores ideas que hay hoy en día es que la única manera de progresar es destruyendo todo el pasado y haciendo todo nuevo por completo. La realidad es que en el pasado hay cosas que debemos reformar, pero no destruir, porque sus intenciones son las correctas. Quizás los métodos han cambiado, pero la esencia es buena y deben sostenerse.

La mejor manera de hacer este proceso en nuestras vidas es disfrutar de momentos de soledad y escoger la gente correcta para que nos acompañe en este viaje. En lo personal, muy joven tuve la oportunidad de salir de Puerto Rico junto a mi esposa y establecerme en la ciudad de Orlando, Florida. Este proceso duró alrededor de 10 años, para luego regresar a nuestra isla. Durante este tiempo donde estuvimos a distancia de mi familia, mi iglesia, y amigos, pudimos desarrollar muchas cosas que al día de hoy son parte de nuestro éxito. Al tener que enfrentar muchas cosas solo con mi esposa, tuvimos que aprender a confiar en Dios y a desenvolvernos en una ambiente totalmente extraño. Creo que todo ese proceso es una de las cosas que más ha contribuido a nuestro desarrollo espiritual, mental, matrimonial y ministerial. Esos tiempos cuando solo podíamos confiar, depender y esperar en Dios para que nos guiara fueron de gran desarrollo.

A Abram le sucedió exactamente esto. Nació en Ur de los Caldeos, una ciudad en la que se adoraba a cientos de dioses y tenía todo tipo de opciones de entretenimiento; contaba con todas las comodidades que se podía en esa época y con el mejor desarrollo tecnológico del momento. Era, para los estándares de ese tiempo, una de las mejores ciudades que existía, y seguramente habría sido la respuesta correcta si preguntaras, ¿de qué ciudad salen los mejores talladores de ídolos?, pero no habría sido la respuesta a esta pregunta: ¿De qué ciudad puede salir un hombre fiel a un solo Dios que, además de pretender ser el único, es invisible?

¿Alguna vez te has preguntado cuáles son los dioses de tu nación? Quizá la gente en tu país persigue el dinero o tiene una especial inclinación a los conflictos bélicos. Tal vez tu nación camina en temor, inseguridad o violencia. Quizá vives en una ciudad que persigue el dinero y el estatus social como si fueran la fuente de la felicidad. ¿Cuáles son los dioses de tu nación? ¿A qué o a quién persiguen más que a Dios? ¿En qué o en quién confían más que en Dios?

En Josué 24:2 se nos permite dar un vistazo a la familia paterna de Abram cuando dice que *"servían a dioses extraños"*. La idolatría era normal en la ciudad y el hogar de Abram. Las personas depositaban su confianza en ídolos que habían sido construidos por ellos mismos o por alguien que se especializaba en esto. Ahora bien, ¿qué es la idolatría? Porque si vemos hacia el pasado y nos comparamos con los caldeos, podríamos pensar que nosotros somos 100% libres de esas prácticas porque, a diferencia de ellos, nosotros no nos inclinamos ante figuras de arcilla que muestran a un humano con cuerpo de león.

Sin embargo, quiero decirte que la idolatría no tiene que ver solo con lo que hacemos externamente, como inclinarnos o dar ofrendas a un ídolo, sino con algo que pasa internamente. La característica principal de un ídolo es no tener vida. Son objetos inanimados que no pueden hablar, ni sentir, ni hacer nada por quienes confían en ellos y que, además, fueron hechos por las mismas manos que después les rendirán culto como si fueran dioses. Tú puedes pasar frente al ídolo de alguien más y no caer en idolatría porque la idolatría no depende del ídolo, sino de ti, y el objeto no se convertirá en ídolo a menos que tú lo conviertas en eso. En Ur de los Caldeos no solo tenían miles de ídolos, sino que también tenían teatros donde las personas les daban vida a esos ídolos en distintos momentos del año. Al igual que ellos, tú y yo podemos estar ahora mismo en el "teatro de la vida", dándoles movimiento a objetos que no se pueden mover por sí mismos, e invirtiéndonos en ellos.

Dios puede estarnos llamando como llamó a Abram, a salir de esa forma de vivir y encontrarnos con un Dios que nos dará de su vida a nosotros, porque la idolatría se da cuando nosotros decidimos darle de nuestra vida a esos objetos que no pueden hacer nada por nosotros. Pero un creyente es alguien a quien Dios llamó a ser diferente y a recibir vida de Él, de la Fuente Eterna, del Dador de toda vida.

Un ídolo es algo inanimado a lo que tú mismo le das vida como si fueras un ventrílocuo. ¡Qué triste es pasar todo el tiempo dándoles vida a cosas que no fueron creadas para ser vivas!

Las cosas no son lo que son, sino lo que tú haces de ellas. ¿Quién no conoce a una persona que tiene una máquina caminadora en su casa que la usa como tendedero de ropa? O quizás más de uno habrá usado en algún momento un cuchillo para dar vuelta a un tornillo.

Quizás este último ejemplo que acabo de dar resulta más práctico porque puede resultar muy funcional en momentos en los que tienes que arreglar algo y no tienes un destornillador cerca. Pero la realidad es que hay muchas cosas que terminan cumpliendo una función muy diferente a aquella por la cual fueron intencionadas y creadas, y terminan ocupando lugares que no les corresponden.

Quizá tú le das vida a tu automóvil, valorándolo más que a tu familia o a tu propia salud, o peor aún, ¡tal vez pienses que es el auto nuevo lo que te da vida a ti! Sin embargo, si has pasado años o meses o días dándoles vida a las cosas que están muertas, quiero que sepas que Dios sí te hizo a ti para tener vida y vida en abundancia, porque Dios no te ve a ti como un objeto inanimado al que tiene que hacer hablar como si fuera un muñeco. ¡Dios te mira y reconoce en ti a un compañero de viaje con quien puede caminar y gozarse!

Cada uno de nosotros puede tener "dioses extraños" en su vida sin haberse dado cuenta, porque podemos estarle dando nuestra vida a esos ídolos y aunque creamos que no tenemos un ejército de imágenes como lo tenían en Ur de los Caldeos, es muy posible que hayamos adoptado distintos dioses en los que depositamos nuestra confianza y se han convertido en nuestra fuente de seguridad y deleite. Por ejemplo, el dinero, las amistades, la familia, las posesiones, los placeres y los negocios son solo beneficios que Dios nos da, pero pueden haberse convertido en lo más importante de nuestra vida. Son objetos sin vida a los que podemos estarles dedicando nuestra vida.

Quizá no vivas en Ur de los Caldeos, pero sí en Ur de los mexicanos, Ur de los venezolanos, Ur de los argentinos o Ur de los puertorriqueños. Y esa ciudad en la que estás es el punto de partida para tu gran viaje de fe.

Abram no creció en el desierto, sino en la comodidad de su ciudad. Abram no creció en una ciudad creyente en un solo Dios, sino en una ciudad con tantos dioses que no podría listarlos a todos en estas páginas. Abram no nació en una familia "judía" y no aprendió las historias bíblicas desde niño porque su familia era idólatra. Su papá era tallador de ídolos y el pueblo de Israel ni siquiera existía.

Si yo hubiera tenido la tarea de escoger al hombre que se convertiría en el "Padre de la fe", seguramente no habría buscado en Ur de los Caldeos y no habría escogido a Abram, pero Dios sí lo hizo, porque sus ojos recorren toda la tierra buscando corazones, no currículos.

Quizá pienses que de tu ciudad no pueda salir algo bueno, o que de tu pasado no pueda salir el mejor de los futuros, o que de tus finanzas no pueda salir la mejor historia de prosperidad, o que de tu vientre no pueda nacer un legado poderoso, pero si Dios ha puesto sus ojos sobre ti, el lugar en el que estás hoy (con todos sus ídolos, sus placeres y sus promesas) debe quedar en segundo plano para que puedas escuchar ese susurro divino que te está haciendo la misma invitación que recibieron Natanael en Galilea y Abram en Ur: "Sígueme".

4

LA INVITACIÓN QUE LE DA
SENTIDO A LA VIDA

Los seres humanos a veces nos preguntamos si la vida se trata de algo más que lo que ya hacemos. Si eres de los que han pensado "tiene que haber algo más" o "tiene que existir un propósito mayor para todo este esfuerzo", quiero decirte que no eres el único y que sí, sí hay algo más. La palabra "frontera" se ha utilizado para impulsar a la gente a lograr grandes cosas que, hasta ese punto de la historia, no habían podido ser alcanzadas. Los estadounidenses, por ejemplo, hablaron de *la nueva frontera* para impulsar a la gente a expandirse hacia el medio oeste del territorio y conquistarlo. Utilizaron el término *la última frontera* para motivar a que las personas llegaran a Alaska y lo transformaran en un lugar habitable y habitado. Y, por último, usaron el término *la frontera final* para impulsar la conquista del espacio. Este concepto provocó que toda una nación invirtiera tiempo, capital humano y billones de dólares en tratar de lograr alcanzar esas fronteras establecidas como metas.

Me gusta la palabra "frontera" porque, aunque habla de un límite, puede no ser una limitante, sino un ofrecimiento a ir más allá. Una frontera puede estarte haciendo una invitación a ir más lejos de lo que nunca has llegado. Un límite te señala el final de tu capacidad, pero una frontera puede provocar la conquista más grande de tu vida, puede liberar todo tu potencial al mostrarte algo que está más allá del miedo, más allá de lo desconocido y más allá de la comodidad. Un límite te pone un alto, pero una frontera es una invitación a seguir adelante.

Los llamados suelen llegar a nuestra vida en momentos críticos, en tiempos de agitación o incluso duda, pero ¿qué es el "llamado"? Para utilizar un ejemplo de nuestros tiempos modernos, creo que el llamado es un detonante y se puede comparar con ese momento en que recibes una notificación en tu celular, ya sea una llamada telefónica, un correo electrónico, un mensaje de texto o un chat. Es más, no todas las notificaciones son igualmente importantes y hay algunas que incluso desactivan porque no son urgentes.

UNA FRONTERA ES UNA INVITACIÓN A SEGUIR ADELANTE.

Sin embargo, cuando recibes una notificación, estás recibiendo un llamado y la primera decisión que puedes tomar con esa notificación es responder o no. Hay notificaciones de todo tipo, pero hay un tipo de notificaciones que te puede cambiar la vida. Por ejemplo, si recibes un correo electrónico en el que te dicen que te dan el empleo que tanto habías esperado o la videollamada en la que tu hija y su esposo te dicen que vas a ser abuelo. El llamado es una notificación que detona una conversación que puede transformarse en una relación.

Esa conversación o intercambio de ideas entre ambas partes de una llamada es lo que puede durar días, meses, años o incluso toda una vida. Podemos llamarle "relación" y tiene la poderosa capacidad de transformar a quienes están en ella. Nuestra sociedad se ha acostumbrado al sobre estímulo de nuestros sentidos y de nuestras emociones. Nos hemos vuelto adictos a la adrenalina y dopamina que se producen en nuestros cuerpos al tener ciertas experiencias. Pero esto se vuelve algo insaciable porque como toda droga, cada vez se necesita más, solo para sentir un poco lo que sentía la persona cuando comenzó a usarla. Esta expectativa emocional limita muchas veces la posibilidad de una experiencia espiritual. Creemos que una experiencia espiritual el cien por ciento de las veces tiene que ser altamente sensorial. Por esto quiero decir que tenemos que sentirlo o que tiene que haber efectos especiales, o como algunos les llaman, sobrenaturales, que nos confirmen que la tuvimos.

La dependencia de las emociones para que nos sirvan de confirmación es un grave error. Las mejores experiencias de nuestras vidas, las que nos enriquecen y nos transforman no siempre se sienten como nosotros pensamos que se van a sentir. Tengo amigos que pueden contar grandes experiencias espirituales y no te puedo negar que, en algunas ocasiones, me han sorprendido las mismas o me ha dado envidia porque no puedo recordar que haya tenido una experiencia que se compare a lo que ellos describen.

De ninguna manera cuestiono la veracidad de esas experiencias, todo lo contrario. Sé que son reales porque ellos viven esas experiencias. Ellos no tienen tan solo algo que contar, sino tienen algo a qué aferrarse que nadie puede cuestionar, porque es una experiencia. Pienso que esas experiencias les dan a ellos una seguridad que a veces yo desearía tener.

LA DEPENDENCIA DE LAS EMOCIONES PARA QUE NOS SIRVAN DE CONFIRMACIÓN ES UN GRAVE ERROR.

Entiendo que esta sensación la tienen muchas personas y por desearlas, creo que cometen uno de tres errores. Primero, ponen en espera sus vidas hasta que tengan una experiencias emocionantes, o como otros dirían, sobrenaturales, para comenzar lo que solo tienen que hacer por fe. Segundo, comienzan a crear en su mente una historia que nunca pasó y aunque pueden impresionar a otros, ellos mismos saben que no fue real, por lo tanto, no tienen el mismo efecto. Tercero, menosprecian las experiencias que Dios les da a ellos y no pueden ver la grandeza de sus llamados en la simpleza de los momentos divinos.

El problema generalmente surge cuando tomas una emoción o una sensación como una confirmación para tomar decisiones trascendentales en la vida. Siempre que veo esto sucediendo en alguien me hago la misma pregunta: ¿qué va a pasar cuando se acabe esta emoción y venga otra totalmente opuesta?

La sobreestimulación de nuestra sociedad lleva a muchos a ser "adictos emocionales"; si no hay una emoción fuerte, no hay una acción. Muchas personas toman decisiones de gran impacto basados en una emoción, y esto puede ser muy peligroso.

Hago una pausa antes de continuar con el tema, solo para darte un simple consejo. Sin ánimo de menospreciar las experiencias estremecedoras que esperas o que has tenido, aprende a documentar los pequeños momentos cuando Dios te muestra gracia y favor. Busca cada semana poder ver a Dios en los más mínimos detalles. Valora cada momento y presta atención a ellos con detenimiento, y te darás cuenta de que Dios está más cerca de ti de lo que siempre has pensado.

Al mismo tiempo me pongo a pensar si todavía, al día de hoy, necesito de una experiencia como esas para afirmar mi fe. Creo que le faltaría a la fe y a todas las experiencias que Dios me ha dado, aunque no han sido tan emocionantes. Al analizar mi vida, si no puedo ver a Dios en todo lo que ya ha hecho, ¿qué me dice a mí que lo podré ver en algo nuevo? Lo que ya he vivido debe ser suficiente para que nada en esta vida me haga cuestionar el amor divino.

Lo importante no es cómo recibes el llamado. Lo importante no es si es en una experiencia espectacular o una simple vivencia. Muchos cometen el error de menospreciar su viaje de fe porque cuando lo iniciaron no fue tan impresionante como el de personas. Si comparas tu experiencia con Dios con la de alguien más, perderás de vista lo valioso de lo que ha hecho contigo. Lo más grande no es lo sobrenatural de tu llamado, a nivel sensorial; lo importante es que entiendas que te llamó y si no lo has aceptado, todavía te sigue llamando. Lo importante es que lo aceptes sin tener todos los detalles y te atrevas a confiar en que tienes que emprender un gran viaje.

Muchas personas buscan a Dios y confunden la presencia de Dios con sus emociones. Tu emotividad no es determinante para la presencia de Dios. Aunque haya momentos en tu vida en que tu cuerpo y tus emociones reaccionen como consecuencia de la presencia de Dios o de lo que Él está haciendo en tu vida, que tengas una emoción o no, no significa si Dios está contigo o no.

En 1 Reyes 19, Elías venía de llevar a cabo una de las empresas más grandes de todo su ministerio: oró a Jehová, desafió a los profetas de Baal, fuego cayó del cielo y luchó contra una multitud de hombres saliendo ganador. Después de este gran evento Elías ora por lluvia en tiempo de sequía y lluvia cayó del cielo.

Quizás pensarías que después de una racha de experiencias como estas Elías hubiera estado exultante, eufórico, pero ante una amenaza de Jezabel, Elías prácticamente cae en una depresión. ¿Puedes mirar lo extremo de una emoción a otra? Elías huye solo al desierto y la Biblia dice que Dios se encuentra con Él. Pero mira qué interesante lo que sucede en este momento.

Primero, Dios le da una instrucción muy parecida a la de Abraham. Le dice: "Sal fuera". En otras palabras, cruza esa frontera. Sal de donde estás acostumbrado. Dios tiene algo que mostrarte fuera de esa tienda, de esas cuatro paredes. Tienes que cruzar esa frontera que no te permite ver lo que Dios te quiere mostrar más allá.

Elías sale y la Biblia dice que pasó un grande y poderoso viento. Lo impresionante es que Dios no estaba en ese fuerte viento. Después del viento vino un terremoto, pero Dios no estaba en el terremoto. Y después del terremoto vino un fuego, pero Dios no estaba en el fuego.

¿Qué ocurre después de todos estos elementos intensos? Viene un silbido apacible. Y la Biblia relata que cuando vino ese silbido apacible, Dios le habló a Elías.

A veces buscamos a Dios desde la intensidad de nuestras emociones y no siempre es el lugar correcto para encontrar a Dios. Al contrario, puedes correr el riesgo de que la intensidad de tus propias emociones no te permita escuchar esa suave voz de Dios cuando te habla en medio de eso que la Biblia describe como un silbido apacible.

LO IMPORTANTE NO ES CÓMO HAYAS SIDO LLAMADO, SINO QUE FUISTE LLAMADO.

Algunos privilegiados recibirán el llamado luego de un milagro o una experiencia extraordinaria. Esto le pasó a Pedro, que era miembro de una familia de pescadores y había estudiado lo suficiente para mantener a flote el negocio que había recibido en herencia. Entre redes y escamas, la vida de Pedro fluyó por varios años junto a su hermano Andrés, hasta que una mañana, luego de una noche completa de esfuerzos desesperados por conseguir el sustento familiar, se topó con una notificación de carne y hueso que se llamaba Jesús y le extendió una invitación: *"Venid en pos de mí."*[12] La invitación era clara y sencilla, no eran

---

12. Mateo 4:19.

necesarios ni títulos ni experiencia previa, solo era necesaria una cosa: seguir a Jesús, aceptar su invitación.

Esa única palabra esperaba una respuesta. Pedro podía escoger su respuesta, podía rehusarse o aceptar, y decidió aceptar. Para otros, el llamado vendrá de manera casi imperceptible, natural. Lo importante no es cómo hayas sido llamado, sino que fuiste llamado.

Creo que Dios nos hace un llamado a cada uno de nosotros y es un llamado a acompañarlo a Él por el camino de la vida. De hecho, Abram recibió la misma invitación cuando, aún en Ur de los Caldeos, recibe el llamado divino que le dice que salga de esa tierra y que vaya a la tierra que Dios le iba a mostrar.[13] En la invitación está implícita la idea de "caminar juntos", pues Dios no le da el nombre del destino al que se estaban encaminando, sino que le dice que se lo mostraría más adelante en el camino, es decir, irían juntos.

De la misma forma en que Jehová llamó a Abram y Jesús llamó a Pedro, invitándolos a caminar juntos, Dios hoy te está llamando a ti a caminar con Él porque está interesado en tu vida, tiene deseos de bendecirte y diseñó planes de bien para ti y tu familia. Dios no quiere enviarte a un viaje en el que vas a ir solo, sino uno en el que irás con Él. Esa inquietud que sientes en tu interior ante la posibilidad del éxito si tan solo haces un cambio, eso es el llamado que Dios te está haciendo.

Hay dos problemas con el llamado. Primero, la necesidad de grandes emociones. Creo que el tipo de llamado de Abram es el más común o el que experimentan la mayoría de los creyentes. Si <u>comparamos</u> el llamado de Abram con las experiencias de

13. Ver Genesis 12:1.

otras personas, no se nos dan detalles de cómo fue ese primer encuentro con Dios. Creo que se nos omite cualquier detalle sobrenatural que haya ocurrido para que todos podamos saber que es posible para nosotros el caminar con Dios.

La experiencia de Abram jamás se compara con la experiencia de Moisés.[14] Imagínate que un árbol te hable. Si luego de esto no crees, no sé qué tomará para que entres en el propósito de Dios. Pero, espérate, eso no fue suficiente. Moisés pidió una señal y la vara que tenía se convirtió en serpiente. Amigo, si luego de que un árbol te hable o que una vara se cambie en serpiente no comienzas a caminar en tu propósito, no sé qué más puede Dios hacer. La realidad es que la gran mayoría de nosotros nunca tendremos una experiencia como esa. Si la deseas, se la puedes pedir a Dios, pero no condiciones tu fe a eso. Nuestra experiencia será más como la de Abraham, que solo se nos dice que escuchó una voz y se atrevió a salir sin saber a dónde iba.

LLAMADO Y PROPÓSITO

A menudo confundimos el llamado con el propósito, y aunque como conceptos podrían ser sinónimos, en estas páginas quiero diferenciarlos por necesidades puramente prácticas, por lo que diré que el llamado es la invitación a caminar junto con Dios y el propósito es el destino al que ese camino te puede llevar. Por ejemplo, imagina que alguien te ofrece un negocio que no estabas buscando y que, si todo sale bien, en un año podrías haber saldado algunas deudas gracias al ingreso extra. El ofrecimiento del negocio es el llamado, todo lo que aprendes

---

14. Ver Éxodo 3:1-12.

en ese año es la transformación, y la libertad que alcanzas al final es el propósito.

Si aceptas el llamado de Dios, entras en el camino correcto. Aunque ese camino te lleve al desierto, estás en el camino correcto. Aunque ese camino tenga etapas difíciles, estás en el camino correcto. Aunque ese camino tenga temperaturas extremas, soledad, incomodidad y pruebas, estás en el camino correcto por una sola razón: le dijiste "sí" a la invitación que Dios te hizo y vas caminando con Él.

> **EL LLAMADO ES LA INVITACIÓN A CAMINAR JUNTO CON DIOS Y EL PROPÓSITO ES EL DESTINO AL QUE ESE CAMINO TE PUEDE LLEVAR.**

¿Por qué llama Dios a algunas personas? Esta es una pregunta que muchas personas han tratado de contestar, pero en verdad creo que no hay una regla. El mismo Jesús le hizo una invitación a un joven que lo rechazó y quedó registrado, creo, para que sepamos que Dios llama a muchas personas, pero no todas aceptan la invitación. La misma Biblia dice en Mateo 22:14 que *"muchos son los llamados"*, pero pocos en verdad aceptan responder a ese llamado y pagar el precio de salir de lo conocido y atreverse a dar pasos de fe, confiando en que Dios tiene un plan perfecto.

Sabemos que Abram respondió al llamado de Dios, pero no sabemos si Dios llamó a más personas en Ur de los Caldeos y solo una familia decidió creer y obedecer. Sabemos que solo

Noé y su familia fueron salvados del diluvio, pero no sabemos a cuántas personas les fue extendida una invitación que decidieron rechazar durante ciento veinte años. Hasta donde sabemos, Abram no tenía nada de especial y lo que lo hizo diferente a los demás fue la decisión de creerle a Dios y seguirlo. Sin embargo, a pesar de la obediencia del que más tarde llegaría a ser el "Padre de la fe", en ese momento su obediencia no fue completa, pues salió de su tierra, pero no de su parentela porque la fe de Abram aún no era la fe de Abraham. El hombre al que Dios estaba redimiendo aún estaba comenzando a caminar con ese Dios Único. El gran viaje de fe aún estaba comenzando.

Dios no llama a "superhombres" porque no existe tal tipo de hombres. En esa época y aún en esta en la que tú y yo vivimos, solo existen seres humanos normales, con fallos, con temores, con inseguridades y con dudas. Se pueden dividir en dos grupos: quienes responden "sí" al llamado de Dios y aceptan la invitación para verlo obrar maravillas en medio de un desierto, y quienes responden "no" y se quedan con lo que ya conocen porque el temor a salir de Ur los amarra.

El miedo quiere que te quedes en donde ya estás, para que hagas lo que ya estás haciendo y obtengas los resultados que ya estás obteniendo. Dios te está llamando a algo nuevo, desconocido para ti, pero no para el Señor del universo. El miedo quiere que sigas en el teatro de la vida dándole de tu vida a objetos inanimados que nada pueden (ni quieren) hacer por ti, pero Dios te está invitando a un viaje al desierto en el que Él te dará de su vida para que descubras todo lo que tiene planeado para ti más allá de la arena, más allá del silencio y más allá del temor.

¿Cómo puedes saber si Dios te está haciendo un llamado? Pues si estás leyendo esto es porque en tu interior está la certeza de que el Padre te está haciendo una invitación y no la quieres rechazar. Dios te está diciendo: "Ven, sígueme, camina conmigo, vamos al desierto para verlo florecer".

El llamado o la invitación es para conocerlo a Él, pero lo que descubres de ti mismo en ese viaje es algo que no habrías descubierto de ninguna otra forma. Por eso dice la Biblia que muchos son los llamados y pocos los escogidos, porque pocos escogen responder a la invitación con un "sí". Toda vida extraordinaria comienza con una vida ordinaria. Algunas personas son privilegiadas y pueden contar experiencias sobrenaturales y sobrecogedoras en las que sus vidas tuvieron un nuevo punto de partida.

Mi padre, por ejemplo, le entregó su vida a Jesús cuando tenía tan solo ocho años y trabajó en distintas iglesias hasta que recibió el llamado de Dios para dedicarse al pastoreado. La decisión de aceptar esta invitación divina lo embarcó en un viaje de fe en el que tocó la vida de miles de personas con el mensaje vivificante del evangelio a través de muchas formas y en distintas ciudades y países. ¡Y todo porque no ignoró la notificación con la que Dios le dijo "sígueme"!

Décadas han pasado desde que aquel día en que el pequeño Rodolfo Font se entregó a Cristo y aunque sus pasos de fe continúan, llegó el momento en que el llamado, la invitación divina, me llegó a mí. Llegó el tiempo en que fui yo mismo quien recibió un "sígueme" de parte de Dios para cumplir con la parte del camino que me tocaba recorrer a mí. Estoy seguro de que a ti también está llegando una invitación del Señor para que lo sigas, para que camines con Él y para que rieguen el desierto con agua viva... juntos.

Cuando leemos los evangelios, vemos que muchísimas personas fueron atraídas hacia Jesús. Sus milagros y enseñanzas cautivaban a miles y, de entre esos miles, Él llamó a algunos pocos y no todos aceptaron la invitación. El "joven rico", que encontramos en Lucas 18:18-30, fue una de esas personas atraídas por la obra y enseñanza de Jesús, pero que no quiso aceptar el llamado a caminar con Él. Este joven rico no pudo evaluar correctamente los resultados del ahora y los de la vida eterna. Hizo cuentas con los ojos de este mundo y dejó pasar una oportunidad, no de oro, sino de luz. Ahora lo recordamos como el hombre que desperdició la mayor oportunidad de su vida.

Nunca sabremos cuántos evangelios habría podido escribir ese joven. Nunca sabremos si habría evangelizado ciudades enteras. Nunca sabremos si habría hecho grandes sanidades para la gloria del Señor. Nunca lo sabremos, porque no aceptó el llamado de Jesús. Vio la notificación que decía "vende todo y sígueme" y la dejó en visto, la ignoró.

Es importante que entiendas que cuando hablo de llamado no es necesariamente a que tengas un ministerio formal en la iglesia, sino a caminar toda una vida con Él. Es ver a Dios en todo lo que Él te ha pedido que hagas en tu vida.

¿Has escuchado alguna vez el llamado de Dios para tu vida? Esa pregunta es una retórica porque la pregunta real es si has aceptado el llamado de Dios. Estoy seguro que Dios te ha llamado en muchas ocasiones y ha tratado de llamar tu atención. En resumidas cuentas, hay dos simples razones por las que muchas personas nunca comienzan el camino de la fe. Primero, están esperando un evento extraordinario que acapare todos sus sentidos. Segundo, no están dispuestos a hacer el sacrificio necesario para poder seguir ese llamado. ¿Cuál de los dos es tu caso?

5

CUANDO TE VAS,
PERO NO TE VAS

Una persona disfrutaba de un concierto de un gran pianista. Este virtuoso tocaba con una gran fluidez y profesionalismo. La música parecía como que venía del cielo. Luego del concierto el gran pianista comenzó a compartir con el público. Todos celebraban su gran presentación. En un momento se acerca una persona con una cara sobria y le dice: "Yo daría mi vida para tocar el piano de esa manera". El pianista, con gentileza, le respondió: "Yo ya la di".

¿Sabes cuántas horas tiene que practicar un músico profesional para poder lograr tal grado de perfección? Miles de horas. Creo que uno de los males de nuestra sociedad es pretender tener grandes resultados en cortos periodos de tiempo y con pocos sacrificios. Los avances tecnológicos promueven cada vez más la poca utilización de las habilidades humanas que nos ha llevado a inventar la misma tecnología, haciendo que las masas nunca desarrollen sus capacidades al máximo.

Antes, para preparar un reporte para la universidad, tenías que ir a la biblioteca, leer, escribir a mano y luego redactar. Ahora hay programas que con tan solo poner el tópico o el tema te generan exactamente lo que necesitas para completar el reporte. Lo que se supone que nos haga superarnos y avanzar nos está haciendo más dependientes y menos capaces. Está comprobado que aún el cerebro humano de las nuevas generaciones está siendo restructurado a nivel neurológico. Todavía no se saben las consecuencias de estas tendencias.

Lamento que muchas personas sin darse cuenta nunca desarrollen el verdadero potencial en sus vidas, solo por no querer pasar el esfuerzo. Hoy se menosprecia la educación formal porque hay algunos que han encontrado el éxito por suerte, y le quieren hacer creer a todo el mundo que no son necesarias tales inversiones de tiempo y dinero.

Una de mis hijas me argumentaba acerca de que el 90 por ciento de lo que ella estudia en su escuela elemental no lo va a utilizar en su vida. Le pregunté de dónde había sacado tal información y me mostró una página de Google. Por un momento me sorprendió, pero tenía una respuesta para ella. Le traté de explicar que lo importante de la escuela no es solo la información, sino la disciplina y la estructura que ella está formando al tener que estudiar lo que está estudiando. Le expliqué que su cerebro está haciendo nuevas conexiones neurológicas cada vez que tiene que pensar en todo lo que sus maestros están impartiendo a su vida. Su cerebro está siendo adiestrado a utilizar todas sus capacidades. Algún día quizás la información no será necesaria, pero su capacidad de pensar sí lo será.

Puedo esperar esa reacción de una niña, pero yo esperaría que los adultos fueran capaces de entender que siempre se requiere más de lo que a simple vista vemos. En cuanto a las asignaturas que estudiamos en el ambiente escolar, los aprendizajes diversos establecen comunicación entre las diferentes regiones cognitivas del cerebro, permitiendo un desarrollo integral de sus funciones, incluyendo las áreas psicomotoras. Aparte de esto, a la larga, todo lo que aprendemos forma parte de nuestra cultura general, que nos equipa para socializar con los demás.

Estoy seguro de que detestas cuando alguien te miente. Es algo decepcionante cuando esto nos sucede. Si triste es que nos mientan, peor es cuando nos mentimos a nosotros mismos. Esto se agrava cuando nos creemos estas mentiras y vivimos por ellas. Una de las mentiras más grandes que la gente misma se dice es "ya lo intenté todo", "ya hice todo lo que podía hacer". ¿Cuántas veces has utilizado esa frase sabiendo muy dentro de ti que no es cierto? Puede ser que lo has dicho tantas veces que ya te lo creíste o comienzas a crear excusas para justificar el hecho de que no has hecho todo lo que podías. Esta es una manera triste de vivir porque teniendo potencial para llegar a tener la vida que nos merecemos, nos conformamos con vidas mediocres que día tras día demuestran al mundo entero la realidad de que no estamos comprometidos para llegar a ser lo mejor que podemos ser. La cosa empeora cuando nos rodeamos de personas que aceptan este estilo de vida como el correcto y se convierten en parte del problema.

Te voy a dar un ejemplo sencillo. Vas al gimnasio y habías determinado caminar o correr tres millas o estar 1 hora haciendo ejercicio. A mitad de la jornada tu mente comienza a tener todo tipo de pensamientos y de ideas que te van dirigiendo a simplemente no completar la tarea que te propusiste. Una de las excusas más comunes es que empiezas a sentir un poco de dolor en tu cuerpo o que estás extenuado. Se dice que cuando tu mente comienza a generar estos pensamientos estás al 40 por ciento de tu posible rendimiento. Si te habías propuesto correr 3 millas, al momento que llegas a 1.2 - 1.3 millas, ya en tu mente te estás rindiendo. La mayoría de las personas acepta el dolor o cualquier tipo de otra excusa como suficiente para no completar lo que se habían propuesto.

Cuando has hecho esto, ¿cuál es tu proceso mental? ¿Puedes ubicarte en un momento donde eso ocurrió? ¿Cuáles son tus pensamientos? Analiza y verás que comienza una batalla entre que sabías que podías hacer más, que debías hacer más y que la única manera de alcanzar las metas era completando lo que te habías propuesto. Sabes que tenías que hacer más, pero ahora tu mente comienza a crear justificaciones para tu decisión y te satisfaces con ellas. Luego vas al doctor que te dice que necesitas hacer ejercicio, y le dices que sí lo haces y que estás haciendo tu mayor esfuerzo. Es impresionante que puedas vivir contigo mismo haciendo esto todos los días y en todo en tu vida.

Tienes problemas en el matrimonio, pero en tu mente ya lo has intentado todo.

COMPROMISO A MEDIAS ES IGUAL A FRACASO.

Tienes problemas con las finanzas, pero en tu mente estás trabajando al máximo. Tienes problemas con tus hijos, pero has hecho todo lo que está a tu alcance. Tienes problemas con tu salud, pero has intentado todas las dietas y nada parece dar resultado. Si analizas este pensamiento, eres entonces una víctima del mundo y el universo completo ha conspirado contra ti. Lo que te queda luego de esta manera de pensar es una vida de depresión o envidia. Lo que te queda es una vida de saber todo lo que pudiste haber hecho y nunca hiciste. Compromiso a medias es igual a fracaso.

Se cuenta la historia de un granjero cuyo pequeño negocio venía en picada. Durante toda su vida se había dedicado a la crianza de gallinas y cerdos y no conocía otra vida. Los animales de la granja tenían meses de verlo angustiado, triste, con un semblante de preocupación y convocaron a una reunión entre ellos.

"Tenemos que hacer algo al respecto", se decían uno al otro, "Tenemos que ayudarle a nuestro granjero". Luego de horas de discusión se llegó a una solución: "Hagamos una venta de comida y todos aportamos por igual".

La granja resonó en vítores y aplausos hasta que comenzaron los desacuerdos. Los cerdos estaban dispuestos a dar su vida por su amo, pero las gallinas decidieron solo poner los huevos.

En la vida hay personas que tienen problemas grandes que requieren de medidas drásticas, pero no están dispuestas a tomarlas. Hay personas que tienen sueños gigantes de lograr cosas y ser exitosos, pero cuando llega el momento de pagar el precio, quieren pagar lo mínimo.

La única manera de trascender es estar dispuestos a sacrificar. Todo sacrificio puede ser considerado como una ofrenda, una entrega para algo más trascendental en nuestras vidas. Es el sacrificio de nuestro yo por los valores y creencias que tenemos. Es el sacrificio de nuestro yo actual por el yo que deseo ser y al que Dios me está invitando a perseguir. El sacrificio es renunciar a lo que otros han decidido hacer como el todo de vida, para llegar al todo de lo que he sido llamado a ser.

Todo sacrificio requiere un intercambio de algo que tengo por algo a lo que aspiro. Antes de hacer ese sacrificio externo, se requiere un sacrificio interno. Se requiere de un proceso de internalización profunda y de un enfoque total para que se pueda ejecutar. Nunca podremos alcanzar la trascendencia en nuestras vidas con simples deseos o porque lo que otros tienen, creo que lo puedo tener. Muchas veces el éxito está tan cerca de nosotros que llegamos a pensar que cualquiera con poco esfuerzo lo puede lograr.

> **EL SACRIFICIO ES RENUNCIAR A LO QUE OTROS HAN DECIDIDO HACER COMO EL TODO DE VIDA, PARA LLEGAR AL TODO DE LO QUE HE SIDO LLAMADO A SER.**

Quiero que pienses qué tan importantes pueden ser diez segundos en la vida de un deportista olímpico que desde niño ha soñado con colgarse en el cuello una medalla de oro. Diez segundos no suenan tan determinantes para la mayoría de personas, pero estos deportistas entrenan seis días a la semana, aún si están enfermos; algunos no descansan ni en las fiestas navideñas. Estos atletas guardan dietas rigurosas y a menudo comen sin deseo de comer, para poderle dar a su cuerpo los nutrientes necesarios para mantener el ritmo de entrenamiento que deben mantener para no perder la condición física. No van a fiestas, no van a cumpleaños, no comparten tiempo con muchas personas, no se desvelan viendo una película con amigos o familia, no, no, no, no.

En ocasiones, muchos de ellos incluso tienen que cambiarse de ciudad para poder obtener la asesoría deportiva y el tipo de entrenamiento que no pueden obtener en sus ciudades natales. Algunos atletas son llevados por sus papás desde niños a las instalaciones olímpicas de su país y crecen en villas deportivas con otros niños deportistas, pero sin sus familias, por perseguir un sueño. ¡Y todos compiten por el mismo sueño! Todos quieren la misma única medalla dorada y aunque todos la perseguirán, no todos la obtendrán.

Todos estos atletas están dispuestos a seguir al pie de la letra todas las instrucciones de sus entrenadores porque saben que, de todos ellos, solo uno podrá obtener la medalla de oro en una competición final que puede llegar a durar solo diez segundos. Muchos atletas entrenan durante años con el único objetivo final de ganar una competición que durará unos segundos.

Michael Phelps, el deportista olímpico más condecorado de la historia, compartió en una entrevista un pequeño secreto que lo ayudó a cosechar más de veinte medallas de oro en distintas ediciones de los Juegos Olímpicos. Él sabía que todos sus oponentes entrenaban duro. Todos respetaban sus dietas. Todos seguían las instrucciones de entrenadores de talla mundial.

Todos dormían el tiempo necesario. Todos cumplían con lo requerido para ser atletas de talla olímpica. ¿Cómo podría, Phelps, ganarles a personas que consistentemente se esforzaban tan duro como él? Encontrando una pequeña ventaja que, a la larga, se podía convertir en una ventaja enorme.

Phelps sabía que, en la natación, un día sin entrenar te hace retroceder dos días (el día que no entrenaste y el día que necesitas para volver al punto en el que ya estabas), así que un día libre a la semana se convertía en dos días perdidos. Phelps decidió tomar la ventaja a través de esa diferencia y se apegó a un régimen de entrenamiento sin días de descanso y lo siguió al pie de la letra durante cinco años. Este nivel de entrenamiento hizo que Phelps entrenara 52 días más que los otros nadadores, pero que obtuviera las ventajas de 104 días más.

Phelps tenía casi cuatro meses más de entrenamiento por año que los demás atletas y esto se notó en el pódium olímpico, porque la completa obediencia que Phelps tuvo con ese plan brutal de entrenamiento le hizo ganar veintitrés medallas de oro a lo largo de su carrera. ¡Imagínate! Michael Phelps obtuvo veintitrés veces lo que pocos atletas han alcanzado una sola vez. Quizá la mayoría de nosotros no seamos atletas de alto rendimiento, pero la importancia de la obediencia es clave en nuestras vidas, así como en la de ellos.

¿Por qué enfatizo más el aspecto de la obediencia que el de la disciplina? Una de las sugerencias que encontrarás para inspirarte a completar aquellas cosas que te propones es procurar tener una persona a la cual tengas que rendirle cuentas. Es tener alguien con quien tengas que reportar tu progreso y los resultados de tus esfuerzos. Esta persona te va a servir de ayuda para que cuando a tu mente lleguen ideas de mediocridad simplemente puedas sacarlas de tu vida. Esta persona debe tener ciertas características y necesita ser alguien que realmente respetes. No puede ser un amigo que se una a tus excusas y te haga sentir bien con no completar lo propuesto.

Cuando crecemos y tenemos buenos padres, ellos deben hacer esta labor con nosotros. Nuestro deseo de agradarles y de no defraudarlos por muchos años de crecimiento y desarrollo es lo que nos permite avanzar. Sin esa figuras en nuestras vidas todo se nos hace más difícil porque pocos tenemos la capacidad de rendirnos cuentas a nosotros mismos. El problema es que estas figuras hoy en nuestra sociedad no son bien vistas. Preferimos irnos con la corriente de las ideas de la diversión y de la moda. Cuando eras niño, no tenías tanta disciplina para hacer las cosas. Muchas las hacías simplemente porque tenías que obedecer. La fuerza de voluntad no era un problema con el que tuvieras que batallar; simplemente obedecías y ya. Sabías que las consecuencias de no hacerlo no serían agradables.

En nuestro viaje de la vida ya todos tenemos a alguien que, deseemos o no, tendremos que rendirle cuentas. Hace un tiempo fui invitado a una boda donde escuché uno de los discursos más emotivos que he escuchado de un hermano a otro. El hermano del que se casaba contó múltiples historias de su niñez y los aprendizajes que habían alcanzado juntos. De repente, el joven hace una mención a todas las semanas donde sus padres los obligaban a ir a la iglesia.

Recordó cuando todos los domingos tenían que ir a la iglesia sin entender el porqué. Dentro de su discurso le dijo a su hermano, "antes nos obligaron, ahora te toca a ti hacer el espacio en tu agenda por convicción y no por obligación". Le dijo a su hermano que era su momento de hacer lo mismo con su nueva familia, ya que ellos han disfrutado de los beneficios de esos momentos donde por obediencia o por obligación tenían que servir a Dios.

Esta persona (Dios) es la que nos hace un llamado a todos a una mejor vida, pero requiere de nosotros completa obediencia. El desear lo que Él promete simplemente haciendo la mitad de las cosas es tener una vida de desencantos y desasosiego. Lo más grande es que, aunque te puedas mentir a ti mismo haciéndote creer que has hecho todo lo que podías hacer, a Él no le puedes mentir. Siempre tendrá paciencia y perdonará todos tus desaciertos, pero créeme cuando te digo que no permitirá atajos para tu vida. No se conforma con una vida a medias ni mediocre.

En muchas ocasiones nosotros obedecemos a Dios a medias. Decidimos irnos de nuestra propia Ur de los Caldeos, pero en realidad no salimos de ella porque nos llevamos algunas costumbres con nosotros. Guardamos en la maleta mental algunas formas de pensar, algunos prejuicios, algunas maneras de trabajar e incluso algunas pequeñas irresponsabilidades que, pensamos, podemos seguir manteniendo cerca de nosotros.

Pues bien, así como tú y yo hacemos a veces, Abram también respondió a la invitación de Dios de manera incompleta, pues en los últimos versículos del capítulo 11 de Génesis vemos que la decisión de salir de Ur de los Caldeos fue tomada aparentemente por Taré, el papá de Abram. Dios le había dicho a Abram: *"Vete de tu tierra y de tu parentela, y de la casa de tu padre, a la tierra que te mostraré"*,[15] pero Abram salió de Ur con toda

---

15. Génesis 12:1.

su familia, incluidos su padre Taré y su sobrino Lot, ya que era una cultura en la que los lazos familiares eran poderosos. Por lo tanto, vemos que Abram obedeció la parte de irse de su tierra, pero no hizo lo mismo con lo de irse de su parentela y de la casa de su padre.

Aunque no sabemos cómo fue que Abram escuchó la voz de Dios llamándolo a salir, sabemos que muchas veces las personas, hoy en día, emprenden un viaje importante porque hay circunstancias difíciles que los empujan a moverse. Muchas personas dejan sus ciudades o sus países, porque los problemas de la vida moderna los obligan a buscar soluciones en otros lugares, siguiendo la promesa de una vida mejor o el anhelo de la libertad financiera para su familia. Estas personas se convierten en extranjeros por necesidad.

Sin embargo, también hay personas que, aun estando en circunstancias favorables y cómodas, saben que en el lugar en el que están no van a cumplir con el destino que Dios ha diseñado para ellos y toman la decisión de dejar todo el éxito, la seguridad financiera y la comodidad para convertirse en peregrinos que están en busca de algo que saben que Dios tiene para ellos. Estas personas se mueven por un tipo diferente de necesidad, pues es una necesidad basada en la búsqueda de un destino mayor.

Quizá tú estás sintiendo hoy una inquietud en tu corazón y sabes que tus circunstancias son buenas, pero al mismo tiempo sabes que Dios te llamó a algo más grande que tu casa, tu trabajo, tu negocio, tus estudios y tu éxito. En tu corazón arde un fuego que ninguno de tus logros ha podido apagar y que te impulsa a salir sin saber muy bien hacia dónde vas, pero con la plena certeza de que vas con Dios. ¡Obedece, sal, camina y busca el destino que fue trazado para ti desde antes de la fundación del mundo!

Algunos textos antiguos sugieren que el papá de Lot había muerto y, por lo tanto, veo en la acción de Taré a un abuelo que decidió llevarse a su nieto huérfano para no dejarlo desamparado; una decisión comprensible y válida. Un tiempo después, en el camino a Canaán, la familia completa se establece temporalmente en un lugar llamado Harán, quizá porque Taré enfermó o quizá porque su edad verdaderamente avanzada ya no le permitía seguir el viaje, y muere ahí.

¡OBEDECE, SAL, CAMINA Y BUSCA EL DESTINO QUE FUE TRAZADO PARA TI DESDE ANTES DE LA FUNDACIÓN DEL MUNDO!

Es en este punto de la historia cuando Abram decide seguir la travesía y llevarse consigo a Lot, por lo que también veo en esta acción a un tío que no ha podido tener hijos propios, siendo fiel a la unión familiar, apadrinando a su sobrino y amándolo como si fuera su propio descendiente. Así que encuentro en Abram una lección poderosa para nosotros hoy en día: la desobediencia a veces tiene razones válidas, como el amor a un papá o a un sobrino huérfano, pero sigue siendo desobediencia. A veces la fe nos llevará por caminos que incluso parecerán irresponsables, pero que solo responden a la voz de Dios.

¿Qué decisiones debes tomar hoy mismo para obedecer el plan de Dios? Quizá sean elecciones incómodas o incluso dolorosas. Quizá tengas que alejarte de ciertas personas que no te hacen bien o personas que no comparten tu fe, pero a quienes les has dado poder sobre tus decisiones incluso sin haberte dado cuenta. La vida de un cristiano no siempre sigue los patrones establecidos de la sociedad porque está llamado a un estilo de vida diferente en el que la lealtad final y mayor se le otorga solo a Cristo. Repito: ¿qué decisiones debes tomar para seguir a Dios y caminar hacia la tierra prometida que Él tiene para ti?

Abram salió de Ur de los Caldeos, pero se llevó mucho de esa ciudad con él y esta obediencia parcial, aunque comprensible, también retrasó el cumplimiento de la Promesa de Dios porque ni Taré ni Lot podían ser parte de la familia que Dios quería formar para darle paso al pueblo de Israel que, siglos más tarde, le daría paso a Jesús, en quien serían benditas todas las familias de la tierra. La obediencia parcial quizá no evite que seas bendecido, pero sí puede retrasar el cumplimiento de la mayor bendición de Dios sobre tu vida.

Otro ejemplo de esto lo encontramos en Josué que, aunque estaba convencido junto con Caleb de que Dios era capaz de darles la victoria y conquistar la Tierra Prometida, aunque estuviera plagada de gigantes, tuvo que esperar cuarenta años en el desierto por causa de la incredulidad de los otros diez espías. Más tarde, en Josué 11:15, la Biblia dice que Josué cumplió todo lo que Dios le había mandado a Moisés, de lo que entendemos que Moisés no obedeció a cabalidad. Por eso Josué, antes de cumplir lo que era asignación suya, tuvo que terminar lo que era asignación de Moisés, pero aún estaba en la lista de pendientes. La desobediencia de la generación que salió de Egipto retrasó a la generación que debía entrar y conquistar la Tierra Prometida,

y eso sigue pasando hoy en día: la desobediencia de una generación es capaz de retrasar la bendición de la siguiente.

Abram había aceptado el llamado de Dios y comenzó a obedecer, pero no había obedecido completamente, porque salir de
Ur significaba mucho más que caminar e irse físicamente de esa
ciudad. El llamado que Dios le extendió a Abram significaba
dejar la ciudad, pero también abandonar la forma de pensar
de su familia y de la sociedad que había conocido y en la que
había sido formado, porque Dios necesitaba que en esta tierra
existiera un pueblo con una mentalidad única, que creyera en
un Dios único. Ese pueblo solo podía nacer de una familia con
una forma de pensar diferente del resto del planeta. Esa familia
solo podía nacer de dos personas que se atrevieran a seguir a un
Dios diferente, único, cercano y verdaderamente vivo, aunque
invisible.

> ## LA DESOBEDIENCIA DE UNA GENERACIÓN ES CAPAZ DE RETRASAR LA BENDICIÓN DE LA SIGUIENTE.

Nosotros también hemos sido llamados por ese mismo Dios
a dejar una vida sin fe en la que solo sabemos confiar en lo que
vemos y en lo que podemos controlar, para recorrer, en cambio,
el camino de la confianza total en el Señor. Hemos sido llamados por Dios a un cambio de mentalidad y a una temporada en
la que Él mismo renovará nuestra forma de ver las cosas, nuestra forma de hacer empresa, nuestra forma de estudiar, nuestra
forma de vivir, de sentir y de pensar.

Tú no fuiste llamado por Dios a competir solo por una medalla de oro, sino a darle gloria a su nombre con toda tu vida. Tú no fuiste llamado por Dios para entrenar durante años en preparación para una competencia que durará unos segundos o un par de horas. Tú fuiste llamado por Dios para brillar por toda la eternidad. ¡Piensa y prepárate como un atleta de lo eterno!

EN ESTE NUEVO CAMINO HAY AVENTURAS QUE SOLO PUEDES VIVIR SI CIERRAS LOS OJOS Y ABRES EL CORAZÓN.

Puede ser que hayas respondido al llamado de Dios, pero te hayas traído algunas cositas de tu antigua forma de pensar. Quizás en un principio hayas obedecido solo algunas partes de la invitación de Dios y tengas razones válidas para esa obediencia a medias, pero en el camino tendrás que ir soltando el equipaje extra porque el camino de fe tiene sus propios desafíos, y las herramientas que te ayudaron en Ur no te ayudarán en el desierto. Lo que te funcionó en la vida que podías mantener bajo control no te funcionará en el camino de la fe porque en este nuevo camino hay aventuras que solo puedes vivir si cierras los ojos y abres el corazón.

6

EL CONTRATO DE UNA SOLA FIRMA

Existe una frase muy popular que dice que los contratos se hicieron para romperse y, aunque la idea no nos parezca atractiva ni correcta, todos los días vemos ejemplos de esta realidad. Si te das cuenta, verás que los requisitos para entrar en una relación contractual son relativamente pocos, pero las cláusulas para romper un contrato son muchas. Te doy un ejemplo: cuando quieres adquirir una propiedad, una casa o un terreno, te dan el precio y tú decides si aceptas. ¡No es necesario saber más! Pero una vez estás firmando el contrato para comprar la propiedad vas a encontrar lo que pasará si fallas en el pago de las cuotas, si no respetas las fechas de pago, si el banco incumple con una de sus funciones, etc. ¡La mayor parte de un contrato tiene que ver con las cláusulas para salir!

Los abogados son expertos en encontrar todo tipo de maneras en las que los contratos se pueden romper. Dios no hace contratos; Dios hace pactos. Los pactos tienen otro nivel de compromiso. La gente que tiene un pacto busca todas las maneras de permanecer cumpliendo su parte. Es una actitud muy diferente. La persona casada que piensa en el matrimonio como un contrato, ante cualquier razón o, mejor dicho, excusa, busca la manera de romperlo, mientras el que ha dado su palabra busca las formas de poder cumplirlo. ¿Recuerdas el capítulo anterior? Los verdaderos resultados en nuestras vidas se logran cuando realmente hacemos todo lo más que podemos hacer. Es imposible pretender que nuestras relaciones realmente funcionen cuando nuestra primera respuesta ante cualquier situación es simplemente romper nuestra palabra y nuestro compromiso.

> **DIOS NO HACE CONTRATOS; DIOS HACE PACTOS. LOS PACTOS TIENEN OTRO NIVEL DE COMPROMISO.**

No se puede construir una familia ni mucho menos una sociedad con la inestabilidad emocional provocada por no saber si realmente los demás cumplirán su palabra y asumirán sus responsabilidades. ¿Qué persona puede realmente dar el máximo si pone en duda que la otra persona estará ahí para siempre, o que por lo menos hará el mayor esfuerzo por permanecer en la relación?

A diferencia de los hombres, que muchas veces buscamos una excusa para alejarnos de Dios, Él ha hecho todo lo contrario: Él siempre ha buscado una excusa para tener una relación con nosotros. Siempre ha buscado los medios para poder encontrarse en el lugar donde nosotros nos encontramos. Siempre nos ha perseguido para dejarnos saber que su compromiso sigue igual. Nuestras fallas, errores y malas decisiones nunca han tenido un efecto acumulativo en el corazón de Dios. No han permitido que se disminuyan su amor y su compromiso con nosotros. La única esperanza que tiene la humanidad es que Dios no se ha dado por vencido y que su Palabra permanece a pesar de nuestra condición.

El concepto de pacto es muy radical. Es radical porque conlleva un compromiso total. Es tomar una decisión con la conciencia clara de que tenemos que hacer lo que sea necesario para que esa palabra se cumpla por completo. Estamos comprometiendo nuestro futuro sin saber qué cosas pueden cambiar. Algunos entran en compromisos asumiendo que todos los factores contextuales en lo que están basando sus decisiones permanecerán de la misma manera. La realidad es que todo en nuestro entorno va a cambiar para bien o para mal, pero va a cambiar.

En la época que estamos viviendo el proceso de cambios es cada vez más acelerado. En décadas pasadas la experiencia de los cambios requería de un gran periodo de tiempo para ver los efectos de las decisiones tomadas. Vivimos en un mundo acelerado; lo que tomaba años, hoy solo toma días. ¿Por qué es importante esto? Si hago un compromiso tengo que saber que, aunque las cosas a mi alrededor cambien, o cuando cambien, mi compromiso de permanecer quedará fijo en mi corazón. Eso es lo radical del pacto. Comprometo futuro sabiendo que muchas cosas son inciertas, pero mi corazón está firme.

En la antigüedad el incumplimiento de los pactos se pagaba con muerte. Cuando una persona entraba en un pacto ataba toda su vida a la palabra que daba. Hoy no pretendo que pagues con muerte si rompes un pacto, ni tampoco Dios lo espera, pero creo que tener la conciencia de que cuando das tu palabra debes hacerlo con mucho cuidado porque estás amarrando toda tu vida, es algo que debemos volver a fomentar en la sociedad.

La misma Biblia nos dice que es mejor no prometer hacer algo que prometer y no cumplir. Se nos exhorta a que cumplamos lo que prometimos lo más rápido posible porque esto evita que las circunstancias cambien, dándonos el deseo de no cumplir o que simplemente se me haga imposible hacerlo. La realidad es que cuando estampas tu firma o das tu palabra para algo, debe ser algo que hayas ponderado lo necesario para asumir el compromiso.

> **CUANDO DIOS HACE ALGO EN TU VIDA, SIEMPRE LO VA A HACER SIGUIENDO LOS TRAZOS DE LA FIRMA QUE USÓ AL SELLAR SU PACTO.**

Desde hace varios años me ha inquietado la idea de la firma, o más bien, el poder que conlleva una firma. No estoy hablando en un sentido conceptual o místico, sino en un sentido práctico y vinculante de una sencilla... firma. ¿Lo habías pensado? Si dejamos de lado el romanticismo en el concepto de firmar y nos damos a la tarea de definir qué es una firma, tendríamos que decir que, en su definición más simple y física, una firma no es más que un poco de tinta garabateada sobre una hoja de papel. Si buscamos la definición de "firma" en el Diccionario de la Real Academia Española, encontramos que firma es un "rasgo o conjunto de rasgos, realizados siempre de la misma manera, que identifican a una persona y sustituyen a su nombre

y apellidos para aprobar o dar autenticidad a un documento".
¡Impresionante!

Tu firma es tan poderosa que habla de ti, aunque solo sean unos garabatos, porque esos garabatos en realidad son rasgos tuyos, convertidos en trazos, hechos siempre de la misma forma. Si la firma está en un contrato, es tu nombre el que está en ese contrato y es tu honor el que está en juego. Nosotros, hoy en día, le llamamos "contrato" a lo que en la antigüedad le llamaban "pacto" y un pacto, al igual que un contrato, también necesitaba de una firma para cobrar vigencia y generar una relación vinculante entre ambas partes para buscar el cumplimiento de lo prometido. Dios también tiene una forma de firmar en la que hay rasgos suyos que garantizan el cumplimiento de su compromiso.

La firma de Dios es inconfundible. Dios firma con rasgos de amor, de misericordia, pero también firma con rasgos de disciplina y obediencia. Si miras tu vida, en cuanto a tu caminar en la fe, vas a ver esos trazos de la escritura de Dios y no tendrás la menor duda de que ha sido Dios desde el principio llevando ese compromiso a término. Cuando Dios hace algo en tu vida, siempre lo va a hacer siguiendo los trazos de la firma que usó al sellar su pacto.

Pero ¿qué es un pacto? Para responder a esta pregunta quiero hablar del matrimonio, pues es un pacto que ha llegado a verse como un contrato. Sin embargo, la gran diferencia entre un contrato y un pacto es que en el contrato vamos a resaltar las razones para salir, pero en un pacto vamos a destacar las razones para permanecer. Por eso no deberíamos hacer un contrato sin antes haber hecho un pacto. Esta es la pequeña gran razón por la que creo que los cristianos deberíamos casarnos primero ante Dios, para presentar delante de Él nuestro pacto de amor y recibir su bendición, y pasar luego a la boda civil que es, en realidad, un contrato. El pacto se da en el mundo espiritual y el contrato en el mundo terrenal. El pacto se da ante Dios y el contrato se da ante el gobierno. El pacto es una bendición eterna y el contrato se acabará cuando la muerte los separe.

Un pacto es uno de los misterios más poderosos que podemos ver en la vida de las personas de fe porque un pacto es un compromiso que, en realidad, no necesita contratos. Sin embargo, si a la palabra "pacto" le agregamos el adjetivo "incondicional" llegamos a una esfera de significado aún más profundo, porque el único que puede hacer un pacto incondicional es Dios. Los seres humanos le vamos a fallar, pero Dios mantendrá su palabra porque el pacto lo llevará a buscar la forma de seguir adelante sin renunciar. Un pacto incondicional es un compromiso con doble sello, pero no en un papel, sino en el corazón.

En Génesis 15 encontramos el pacto incondicional que Dios hace con Abram y hay una serie de versículos que nos relatan lo que pasó y que, quizá para nosotros sea extraño y hasta místico, porque vivimos en una época en la que, como sociedad, no tenemos en tan alta estima lo que significa una promesa. Por ejemplo, es muy fácil encontrar casos en los que se nota que, para muchas personas, hacer una promesa ya no supone un compromiso real. Hay muchos que, si hacen una promesa y se topan con un obstáculo para cumplirla, por muy pequeño que sea el inconveniente, simplemente descartan la promesa y siguen con su vida como si nada hubiera pasado. Pareciera incluso que estamos dispuestos a cumplir con una promesa siempre y cuando sea fácil hacerlo.

Es posible que la idea de esforzarse por cumplir lo prometido no esté del todo implantada en las mentes de nuestra sociedad y, por extensión, le atribuyamos a Dios una mentalidad parecida, creyendo que Él tampoco honrará Sus promesas, pero no es así.

> **UN PACTO INCONDICIONAL ES UN COMPROMISO CON DOBLE SELLO, PERO NO EN UN PAPEL, SINO EN EL CORAZÓN.**

Para entender lo que pasó en Génesis 15 quiero pedirte que tengas en cuenta lo que pasa cuando tú vas a firmar un contrato por una casa, un negocio o un préstamo: vas a una oficina legal, presentas tu identificación, lees el contrato que te presentan y lo firman tú y la otra parte. En la historia de Abram vemos que Dios le pide que sacrifique a varios animales y los parta a la mitad para ponerlos en dos filas paralelas. Al pasar de las horas las aves de rapiña comienzan a acercarse, atraídos por el olor de los animales muertos y Abram tiene que dedicarse a ahuyentarlas durante horas, hasta que llega el atardecer y Abram siente miedo por la oscuridad que se avecinaba.

En ese punto es que Dios pronuncia lo que ha de venir en el futuro, le dice a Abram lo que pasará con sus descendientes, que los cuidará en medio de cada dificultad y que les dará esa tierra en herencia. Entonces una antorcha de fuego pasa entre los animales divididos y así queda firmado y confirmado el pacto incondicional en el que Dios se compromete con Abram.

Verás, en ese tiempo existían unas personas denominadas "hititas" que habitaban una tierra llamada Hatti en lo que hoy se conoce como Turquía y algunas zonas del norte de Siria. Los hititas eran uno de los pueblos más poderosos e influyentes de la tierra en esa época y varias naciones habían adoptado la forma en que ellos sellaban un contrato o pacto. Quienes querían hacer un contrato partían por la mitad una serie de animales y los disponían en dos líneas paralelas para luego caminar entre los animales divididos, desde lados opuestos, para encontrarse en el centro y quedar legalmente vinculados. Esto simbolizaba el compromiso de caminar juntos y unidos por sangre para cumplir lo pactado.

Dios no pidió algo extraño para Abram, pues él sabía de esta costumbre y seguramente había formado parte de un contrato de este tipo en más de una ocasión. Si este episodio de la historia se hubiera llevado a cabo en nuestra época, estoy seguro de que Dios habría hecho que Abram se presentara al bufete de un abogado, listo para plasmar su firma en un papel con valor legal porque el ritual hitita de ese tiempo es el equivalente a lo que nosotros hacemos cuando firmamos un contrato en un papel ante un notario certificado.

Aunque, en ocasiones, los humanos necesitan estar obligados por un contrato para cumplir con los compromisos adquiridos, Dios no necesita de ningún tipo de mecanismo legal para honrar sus promesas, pero la fe de Abram en ese punto de su viaje sí necesitaba de un testimonio así para confiar y es por eso que, aunque Dios le plantea a Abram una ceremonia de contrato, solo Él camina entre los animales, entregando así un contrato con una sola firma: la firma de Dios.

La misericordia del Señor es tan grande que estuvo dispuesto a pasar por el ritual de un pacto para que la fe de su siervo se hiciera más fuerte, y lo mismo hizo y continuará ratificando contigo. El sacrificio de Jesús es el máximo ejemplo de ese pacto. No hay mayor ejemplo que este. Durante toda tu vida tendrás muestras del compromiso divino; eventos que ratificarán lo que Él ha establecido. Te confirmará sus promesas las veces que sea necesario. Te recordará que Él no deja de cumplir su Palabra y fortalecerá tu confianza en Él de la forma en la que tú puedes ser fortalecido.

¿Por qué le llamo a este pacto "el contrato de una sola firma"? Como te expliqué, la práctica hitita para hacer un pacto, en ese tiempo, requería que ambas personas caminaran entre los animales divididos porque era la forma de dar fe y legalidad de que ambas partes eran conscientes del compromiso que habían adquirido. Sin embargo, en la historia de Abram solo vemos a Dios caminar entre los animales en forma de antorcha.

En este punto del viaje Dios no le pidió nada a su invitado. Nada de lo prometido en el contrato era responsabilidad de Abram. Dios se haría cargo de que todo se cumpliera. Dios se estaba haciendo responsable de lograr que la promesa se hiciera realidad. Dios era el único firmante de un contrato que tomaría cientos de años en materializarse. Dios era el único nombre que sellaba el pacto. Era un pacto de una sola firma y era un contrato de una sola firma: la del Señor.

Cuando tú sales de tu propia Ur y sabes que es Dios quien te está llamando, tu seguridad debe estar fundada en que es Él quien se ha comprometido en llevarte al destino que te prometió. En el camino puede haber problemas, dificultades, obstáculos, desilusiones, batallas, dudas y aun errores tuyos, pero tu corazón puede estar tranquilo en medio de cualquier tormenta porque si Dios te llamó, es Él quien honrará el pacto que hizo contigo. El compromiso de Dios siempre obra a tu favor, porque en tu vida también habrá promesas que solo el Padre Celestial podrá cumplir y juramentos que solo Él puede hacer porque Él es el único que tiene el poder de cumplir cada una de sus palabras.

Dios sabía que Abraham cometería errores durante todo su viaje y por eso es Él quien se compromete haciendo un pacto. ¿Quiere decir que Dios no esperaba nada de Abram? ¿Quiere decir que Abram podía hacer lo que le daba la gana? La realidad es que sí, pero también no. Dios es quien se compromete con el pacto y no le exige ese mismo grado de compromiso porque cuando Abram fallara, tendría que pagar con muerte. ¿De qué le hubiera servido a Dios un Abram muerto? No le hubiera servido de nada.

Dios conoce nuestra humanidad y nuestra debilidad. Él sabe que a la perfección no podremos cumplir con todas las cosas y por eso el compromiso total es siempre de Él. Esto no puede ser una excusa para que nosotros no hagamos lo más posible por honrar a Dios, pero debe darnos una confianza extrema en Aquel que nos hizo el llamado para emprender este viaje. Podemos vivir con la seguridad de que Dios no está buscando una salida de su compromiso con nosotros, sino que, a pesar de nuestros errores, Él buscará una manera de cumplir su palabra.

SOLO DIOS INTERVINO. SU FIRMA ESTÁ ESTAMPADA POR TODAS PARTES.

Este compromiso divino no puede ser usado como una excusa para hacer lo que nos da la gana y pensar que sin nuestra participación activa podremos ver todas las promesas de Dios manifestadas. Es importante saber que lo que nunca cambiará es la vigencia del pacto divino y el compromiso de cumplirlo. Dios no se rinde con nosotros a pesar todas nuestras imperfecciones y equivocaciones. No importa nuestros errores, la paciencia eterna siempre está presente. Nunca serás descartado, ni su idea de ti cambiará. Ante sus ojos siempre serás alguien valioso y su idea de lo que desea hacer contigo siempre será la misma. Nunca te podrás librar del propósito divino, pero tendrás que cargar con las consecuencias de las malas decisiones que se tomarán en el camino. El pacto divino hace que nuestros errores no maten las promesas divinas y su compromiso contigo.

Recuerda que una firma es una serie de rasgos realizados siempre de la misma forma y que identifican a una persona específica. Busca en tu vida esos pactos firmados solo por Dios y que te incluyen a ti, y camina confiadamente hacia el cumplimiento de cada una de esas palabras. Busca en tu viaje ese contrato en el que el Señor puso su nombre como garantía y en el que no te pide nada a cambio porque es su misericordia la que hará que todo sea posible. Muchas veces cometemos el error de solo enfocarnos en todas las veces que hemos fallado. Nos enfocamos en lo que no tenemos o no hemos alcanzado, pero en el camino podemos identificar cosas que solo Dios ha hecho con nosotros. Hay cosas en tu vida que deben llevar por nombre "SOLO DIOS". En muchas ocasiones, si hubiera dependido de ti, nada hubiera sucedido o los resultados hubieran sido distintos. Pero SOLO DIOS intervino. Su firma está estampada por todas partes.

7

PACTO MULTINIVELES

Toda relación requiere de un compromiso inicial que tiene que ser ratificado a través de los tiempos con nuevos compromisos que son, en realidad, una confirmación progresiva del compromiso inicial. Es imposible que una relación pueda crecer si solo estamos dispuestos a hacer lo que al inicio de la misma podíamos hacer. Muchas de nuestras relaciones comienzan en ese nivel de compromiso donde tan solo podemos hacer ciertas cosas limitadas, pero son suficientes para poder entrar en relación. Cuando el tiempo pasa y nuestros recursos cambian, ahora no se trata de lo que podemos hacer, sino de lo que queremos hacer. Cuando nuestras capacidades cambian, nuestros compromisos tienen que ser renovados y actualizados.

Todo dueño de un teléfono inteligente o computadora ha tenido alguna vez en su vida que hacer una actualización al sistema operativo o alguna aplicación que utiliza. De tiempo en tiempo aparece una notificación en tu dispositivo que te indica el momento de actualizarse. Esta actualización no es necesariamente un cambio drástico en la operación de la aplicación, sino pequeños ajustes necesarios para que tu sistema funcione mejor. A veces una mejora en una parte de tu computadora o teléfono requiere que otras tengan que actualizarse. Por ejemplo, si mejoras el sistema operativo de la computadora, las aplicaciones para correr en ese nuevo sistema requieren mejorarse también.

No tan solo se requieren estos ajustes cada tiempo, sino que en muchas ocasiones tenemos que aceptar las nuevas condiciones para continuar usando estas aplicaciones. Cuando instalas una aplicación aceptas las condiciones y reglamentos de los que inventaron la aplicación o el sistema operativo. Depender de los nuevos cambios puede ser que requiera una nueva autorización. Si no estás dispuesto a aceptar estos nuevos términos y compromisos, no podrás utilizar las mismas. No puedes reclamar que ya en una ocasión aceptaste, y con eso debe ser suficiente. Si no estás dispuesto en este momento a aceptar los nuevos términos, simplemente no puedes usar la aplicación.

En la vida cada nueva etapa requiere de mejoras y de nuevos compromisos. Se demandará de nosotros cada vez más entrega y que demostremos realmente que no tan solo seguimos comprometidos, sino que cada día estamos más comprometidos. No podemos llegar a pensar que mientras más avanzamos, más relajados o más cómodos nos podemos poner dentro de nuestras relaciones, especialmente con la de Dios. La Palabra del Señor claramente nos dice: *"a todo aquel a quien **se haya dado mucho**, mucho **se le demandará**; al **que mucho se le** haya confiado, más **se le** pedirá*.[16] En el momento que acepto el llamado de Dios para mi vida tengo que estar dispuesto a ir creciendo, y mi compromiso

16. Lucas 12:48.

cada vez tiene que ser mayor. Por alguna razón u otra, algunas personas pretenden que el tiempo o el compromiso acumulados sean todo lo requerido para las nuevas bendiciones. El aceptar el llamado es algo voluntario, pero demandará de la entrega voluntaria de ciertas cosas.

Cuando llegamos al capítulo quince del libro de Génesis, la fe de Abram aún no es tan madura como en los capítulos más avanzados de su vida. En esta porción del viaje, la fe de Abram necesita ayuda para confiar y para atreverse a tomar los pasos de fe que la vida con Dios requiere. El pacto incondicional que Dios hizo fue solo el inicio de un pacto que se desarrollaría poco a poco mientras la fe de Abram iba creciendo, y sus pasos se acercaban más y más al gran destino que Dios había preparado para él. Hay compromisos que no requieren mucho para ser cumplidos, pero hay promesas que nos transforman en el camino a su cumplimiento.

Fernando es un muchacho que conocí hace varios años. En ese tiempo estaba terminando su segunda carrera universitaria, una licenciatura en comunicación que lo llevó a explorar el territorio de la sicología, la filosofía, el comportamiento humano y otras ramas de las ciencias humanas. La inexactitud que lo rodeaba en esta serie de estudios lo llenaba de fascinación, tanto como de incomodidad, porque su primera carrera había sido una de ingeniería civil en la que todo dependía de la exactitud matemática. El peso de un puente, la resistencia de los materiales, el desgaste gradual de los diseños; todo era exacto. Fernando había pasado de una carrera en la que dos más dos era igual a cuatro, a una carrera en la que dos más dos podía ser cuatro, podía ser azul o podía ser un constructor imaginario, dependiendo del enfoque humano que planteara la suma.

> **HAY COMPROMISOS QUE NO REQUIEREN MUCHO PARA SER CUMPLIDOS, PERO HAY PROMESAS QUE NOS TRANSFORMAN EN EL CAMINO A SU CUMPLIMIENTO.**

Cuando nos conocimos, pudimos compartir una conversación en la que, ya entrado en confianza, me confesó que sentía inquietud en su corazón porque sus dos carreras universitarias eran tan diferentes que estaba casi seguro de que al menos una de ellas había sido un grave error de cálculo y una verdadera pérdida de tiempo... pero no sabía cuál. Quise saber la razón por la que había escogido estudiar algo tan diferente a lo que había estudiado en un principio y por qué no había elegido una especialización que tuviera relación con la ingeniería. Su respuesta fue tan simple como compleja: quería hacer puentes, casas y edificios para los humanos que los usarían, y para eso necesitaba comprender lo incomprensible de esos humanos.

En ese momento sonrió, porque se había encontrado de nuevo consigo mismo en el viaje correcto. Ninguna de sus dos carreras universitarias era un error. Ningún esfuerzo había sido en vano. Todo era parte de un mismo caminar. Se había convertido en un ingeniero que no diseñaba casas para una fotografía de una revista, sino para una familia que necesitaba tener un refugio y un espacio de inspiración. Fernando era un ingeniero capaz de solucionar problemas que sus clientes no podían poner en palabras. ¿Por qué? Porque no había cursado dos carreras universitarias distintas, sino una sola que lo hizo crecer en diferentes áreas de su propia vida.

El viaje universitario de Fernando lo había llevado por distintos niveles de aprendizaje, compromiso y transformación, y esto mismo pasa con los pactos que Dios hace con nosotros. El pacto incondicional que Dios hizo con Abram fue solo el primero de una serie en el que la fe del patriarca se fue fortaleciendo y su obediencia se fue incrementando. De la misma forma, los pactos que Dios hace con nosotros a menudo son pactos multiniveles que nos muestran nuevas fronteras, nuevos desafíos y nuevas aventuras que desarrollan nuestra obediencia a su palabra y nuestra confianza en su guía.

Si tuviera que escoger una sola palabra de nuestra era ultra tecnológica para describir el tipo de relación que Abram tuvo con Jehová, quizá escogería el término "freemium" que básicamente habla de una membresía que es gratuita y nos da acceso a un producto o servicio de excelente calidad, pero que aún tiene mucho más que ofrecernos como suscriptores si estamos dispuestos a pagar el precio de obtener mejores beneficios. El pacto incondicional de Génesis 15 solo fue el primer paso en la relación cercana e íntima que Dios tuvo con aquel hombre de Ur a quien llamó al desierto. Aunque en ese punto la promesa de Dios ya era completa y suficiente, la invitación que el Señor le extendió a Abram le daba la oportunidad de acercarse más y más, si es que ahora él —Abram— estaba dispuesto a pagar el precio de esa cercanía. El pacto incondicional le había abierto la puerta a una serie de pactos en los que Abram sí tendría que participar. ¿Se atrevería a obedecer?

Dios le pide que se circuncide como señal de su compromiso y obediencia al Señor. Es más, este nuevo nivel de pacto no solo se extendía hacia el futuro, sino hacia otras personas, porque Dios ordena que la circuncisión también sea llevada a cabo en todos los hombres de la casa de Abram y en sus descendientes, aunque en ese momento el hijo de la promesa no había llegado y Abram tenía ya cien años. Sin embargo, así como el Señor le pidió a Abram una acción de obediencia como señal de su aceptación de esta nueva etapa del pacto, también ensanchó y aclaró (por así decirlo) una parte del contrato: la promesa de un hijo llegaría a través de Sarai, su esposa de noventa años, a quien llamó Sara a partir de este capítulo de Génesis.

Hemos interpretado la gracia divina como un boleto gratuito para vivir como nos dé la gana, desobedecer a Dios, vivir lejos de Él, contrarios a sus designios, fuera de sus planes y, aun así, esperar que Él nos ame "incondicionalmente". Sin embargo, el mensaje del evangelio nos enseña que la salvación eterna es gratuita y es imposible que la logremos alcanzar por nuestros propios méritos, pero es solo el principio del viaje. El pacto incondicional es un nuevo principio, una fuente de la que brota una vida completa de obediencia que va madurando hasta llegar a la perfección. Entonces, en Génesis 17 vemos que Dios se aparece de nuevo ante Abram, le ratifica el pacto, le ordena que sea perfecto en su andar ante Él y le da un nuevo nombre. En el versículo cinco Dios le dice que ya no se llamará Abram, sino Abraham, porque había sido designado por Dios para ser padre de muchedumbres y de gentes y naciones enteras.

El cambio en el nombre es pequeño en la grafía, pero enorme en el significado, pues entendemos que "Abram" significa "padre enaltecido", pero "Abraham" se entiende como "padre de multitudes". Sin embargo, ese cambio de significado tiene que ver con el contexto del texto y con la promesa que Dios le está haciendo, pero no existe en el significado estricto de ambas palabras. Si vamos al idioma original de la Biblia, veremos que el significado de ambos términos es el mismo: "Padre enaltecido". Para que entendamos el efecto que esta frase pudo haber tenido en el corazón de Abram, imagina que escuchas a Dios decirte que ya no serás "bendecido", sino que ahora serás "bendecido". Aunque sabrías que el Señor está cambiando algo, no sabrías del todo qué porque ambas palabras suenan igual y son prácticamente las mismas. Es por eso que digo que el cambio es pequeño en la grafía o escritura, pero enorme en el significado o en la implicación desde el punto de vista del plan de Dios, porque el Señor está declarando en estos versículos que su plan para Abram y su plan para Abraham es igual de perfecto porque es el mismo.

Dios llamó a Abraham desde que era Abram. Dios tenía el deseo de bendecir a Abraham desde que era Abram. Dios diseñó un plan de prosperidad y grandeza para Abraham desde que se llamaba Abram. Dios se agradó de la obediencia de Abraham desde que obedecía como Abram. Dios encontró un corazón dispuesto en Abraham desde que era Abram. Dios sabía quién era Abraham desde que era Abram.

En Génesis 17:5 Dios está llamando a vida la nueva etapa de la vida de este hombre, al pronunciar el mismo nombre con un pequeño cambio trascendental. Era el momento de que Abram se convirtiera en Abraham, pero no era Dios quien necesitaba saber que ese momento había llegado, así que el Señor realiza el cambio porque sabe que es Abram quien necesita tener conciencia del cambio de etapa, del nuevo nivel al que lo está llamando, de la nueva aventura a la que lo está invitando. Y no solo Abram recibió esta notificación, sino que Dios extendió la invitación a Saraí, la esposa del patriarca, pues su nombre significaba "princesa", pero también le cambió el nombre, llamándola ahora Sara, que también significa… lo adivinaste: "Princesa".

Fíjate en la progresión de las señales del camino de fe de Abram. La circuncisión era una marca física, pero íntima; solo podía ser vista por Abraham, por su esposa y por su Dios. Cuando Abraham se desnudaba y cuando iba a tener relaciones con su esposa, podía ver una señal que le recordaba que su vida había alcanzado un nuevo nivel de intimidad con el Señor. Abraham llevaba en su cuerpo la señal de un pacto con Dios y de esta misma forma nos debe pasar a ti y a mí. Tu vida debe tener marcas íntimas que solo tú sabrás que existen y que te recuerdan cada promesa que le has hecho al Señor. Quizá tu rutina al despertar cambiará y, en lugar de comenzar el día revisando tus redes sociales, iniciarás la mañana con una oración.

¿Cuáles son aquellas situaciones o eventos que han marcado tu vida espiritual que solo tú y Dios conocen? Es probable que hay cosas que tú has expresado en oración o en tus tiempos de intimidad con Dios que no le has contado a nadie más y que piensas, incluso, que, si alguien más las supiera, no las entendería de la misma manera.

¿Has tenido alguna vez una conversación con Dios que tú sabes que si alguien más la hubiera escuchado la tildaría de osada o impropia?

Abraham tuvo una conversación así con Dios donde intentó hacer que Dios cambiara de opinión con respecto a destruir a toda una ciudad con todos sus habitantes. Abraham comenzó su intento de negociar con Dios con que hubiera cincuenta justos en Sodoma y Gomorra. Dios sabía que no había un número tan alto. Pero Abraham fue reduciendo cada vez más el número hasta llegar a diez.

TU VIDA DEBE TENER MARCAS ÍNTIMAS QUE SOLO TÚ SABRÁS QUE EXISTEN Y QUE TE RECUERDAN CADA PROMESA QUE LE HAS HECHO AL SEÑOR.

He escuchado a personas decir que hablar así con Dios es intentar persuadirlo o manipular a Dios. Resulta que dos generaciones más abajo, Jacob pelea con Dios en un encuentro cara a cara y acorrala a Dios diciéndole que no lo dejará irse hasta que lo bendiga.

Estoy seguro que en más de una ocasión has tenido una conversación parecida con Dios que no estás realmente dispuesto que otros conozcan, pero son prueba de las marcas íntimas de tu caminar con Él.

Aunque en tu vida habrá pequeños momentos íntimos con Dios, también existirán cambios visibles y públicos, como el cambio de nombre de Abraham, que era una señal de todo aquello en lo que él estaba creyendo. Quizá nuestra vida comenzará a sufrir cambios visibles en lo que publicamos en nuestras redes sociales, en lo que hacemos los fines de semana, en cómo manejamos nuestras finanzas y en cómo tratamos a los demás. Los cambios visibles serán una señal externa de un cambio interno, una demostración física de un cambio espiritual y un testimonio para los demás de aquello que está sucediendo entre tú y tu Dios.

> ¡TODO TENDRÁ SENTIDO CUANDO TUS OJOS VEAN EL PLAN QUE EL SEÑOR HA ESTADO TEJIENDO EN TU VIDA!

De la misma forma en que Dios se agradó de Abraham, también se agradó de ti desde que te llamó y decidiste obedecerlo. Aunque tu obediencia no fuera la mejor o no fuera completa, Dios te invitó a seguirlo y tú aceptaste el llamado. Por eso estás leyendo estas líneas, por eso llegaste hasta este punto y por eso tu corazón está ardiendo en este momento. Dios te hizo una promesa incondicional, pero has llegado al punto en el que Él está pidiéndote que des un nuevo paso de fe, un nuevo paso de obediencia, porque no todo es gratuito en el evangelio; hay precios que pagar, compromisos que hacer, equipajes que soltar. Al igual que el joven Fernando, todo lo que has pasado y todo lo que has aprendido puede ser poderoso si lo pones al servicio de Dios. ¡Todo tendrá sentido cuando tus ojos vean el plan que el Señor ha estado tejiendo en tu vida!

8

NUEVA RUTA, NUEVA COMPAÑÍA

Todos sabemos que cuando viajamos, la ropa que empacamos tiene que ver con el destino al que vamos. Si vamos a una montaña con nieve, no empacaremos en la maleta los trajes de baño que se llevarían a una playa paradisíaca; y viceversa. Sin embargo, personalmente creo que hay algo aún más importante para un viaje que la elección de ropa. Es la compañía que escogerás.

Si en este momento alguien te regalara un viaje para dos personas a las islas del Pacífico, ¿a quién escogerías como tu acompañante y por qué escogerías a esa persona? Y si mañana te dijeran que el viaje no durará una semana, sino cuatro, ¿escogerías a la misma persona o cambiarías de compañía?

Imagina que planeas un ascenso a uno de los volcanes activos más imponentes del continente y decides invitar a alguien que sufre de vértigo. ¡Mala idea! Ahora imagina que llevas más de un año planeando un viaje a Yucatán para explorar algunas cavernas submarinas y uno de los miembros del grupo es claustrofóbico. ¡Mala idea! En todo viaje que hagas es importante elegir bien a aquellas personas que irán contigo, pero en el viaje de la fe no solo es importante... ¡es vital!

En el año 2019 la revista Forbes publicó un reportaje sobre los vuelos comerciales más largos del mundo en ese momento. Con la introducción de nuevas tecnologías en aeronáutica, las aerolíneas lograron presentar nuevas opciones de vuelos, estableciendo vuelos récord que podían ir, por ejemplo, de San Francisco a Singapur en diecisiete horas y veinte minutos o de Singapur a Nueva York en dieciocho horas y media. Si tú tomaras uno de esos vuelos y te decidieras a leer este libro que tienes en tus manos de un solo tirón, llegarías a la última página muchas horas antes de aterrizar. Es más, sabiendo que vas a estar más de diecisiete horas en un avión, seguramente harías un buen plan de todo lo que tendrías que hacer dentro de ese avión para no aburrirte, desesperarte, aburrirte de nuevo y desesperarte de nuevo.

En un vuelo tan largo, la persona que va a tu lado podría ser una gran ayuda o un verdadero problema; estamos hablando de un desplazamiento que dura poco más de quince horas. Ahora piensa en un viaje a través del desierto que podía durar hasta seis meses, o mejor aún, piensa en el viaje de tu vida. ¿A quién querrías cerca en un viaje de años?

En los años pasados he aprendido a disfrutar los viajes entre amigos. Tengo el privilegio de haber viajado a muchos destinos por muchos años. Muchas veces son vuelos muy cortos y rápidos. Como se dice, la entrada por la salida. Este tipo de viajes se hace mucho más fácil con pocas personas, ya que realmente tratar de mantener mucha gente al mismo ritmo o paso es complicado. Tener que esperar para que todos se preparen o se alisten para el evento es una espera eterna. Tratar de complacer los gustos de muchas personas a la hora de comida es otro gran problema. Cuando los viajes son más largos, se presentan otros problemas. Por ejemplo, en viajes donde disfrutaremos por varios días con muchas personas o trataremos de disfrutar, los ánimos van cambiando mientras los días van avanzando. El primer día todo el mundo está feliz porque llegó el gran momento del viaje. Luego de una semana, ya la gente no se soporta unos a otros. No sé si te ha pasado. Tengo muchas historias que contar, pero las dejaré para otro libro.

Estas situaciones de los viajes cortos y las actitudes de algunos en los viajes de grupo, por mucho tiempo me motivó a viajar con las menos personas posible o simplemente solo. En los pasados años he podido crear un grupo de amistades que tenemos los mismos intereses y somos capaces de disfrutar juntos de muchas aventuras. Somos un grupo de amigos que no sé si es por la amistad o porque sabemos la dinámicas de lo que puede ocurrir en las diferentes travesías, hemos aprendido a disfrutar de la presencia de todos. Nos conocemos bien y sabemos tenernos paciencia a pesar de la diferencia de caracteres y personalidades. Buscamos que el viaje sea placentero para todos.

No siempre puedes escoger quién te acompaña en todos tus viajes; a veces es algo impuesto en nuestras vidas. Cuando te montas en un avión o en un crucero no puedes escoger quiénes estarán en ese mismo vuelo o barco. Tendrás que manejar el asunto por el tiempo que tome llegar al destino, pero cuando se abra la puerta de ese avión eres tú el que decide con quién sigues caminando. Sin darnos cuenta, por alguna razón u otra, no sabemos hacer esa diferencia y vamos permitiendo que la vida nos siga añadiendo en nuestros viajes, gente que simplemente no pueden seguir con nosotros.

En un avión puede ser que vayamos al mismo destino, pero estoy seguro de que las razones son muy diferentes. Las razones o el propósito del viaje son los que tienen que permitirme filtrar a las personas que continuarán con nosotros y los que les tendremos que decir "hasta aquí llegamos. Te deseo lo mejor, pero no podemos continuar juntos".

Varias páginas atrás, te hablé acerca de Lot y la posibilidad que existe de que fuera huérfano y que, quizás, esa había sido la razón por la que Taré (su abuelo) y luego Abraham (su tío) decidieron apadrinarlo y llevarlo con ellos, porque Abraham creció en una cultura fuertemente familiar. Sin embargo, con el paso de los años, Lot pasó de ser un adolescente que debía ser protegido, a ser un hombre desarrollado, con mucha riqueza y que podía valerse por sí mismo.

El sobrino había seguido el ejemplo de su tío y se había convertido en alguien importante, con muchas posesiones y con tantas personas a su cargo, que la tierra en la que habitaban ya no era suficiente para que ambos grupos se mantuvieran juntos y en paz. Abraham habla con Lot y le deja saber que era momento de separarse. Le brinda la oportunidad de que su sobrino tenga la primera opción de escoger para dónde saldría y él se iría al lado contrario. Estudiando bien la historia creo que esta fue una propuesta para tratar de provocar que Lot dijera que no era necesario, sino que se podía resolver el problema que estaban teniendo sus sirvientes para que permanecieran juntos.

Estoy seguro que no fue un momento agradable para Abraham ver la decisión que su sobrino tomó. A pesar de esto, Abraham siguió amando a a Lot y siempre estuvo dispuesto a ayudarlo, e incluso protegerlo, cuando fuera necesario. De hecho, cuando Lot fue llevado cautivo por el rey de un país, llamado Elam, fue Abraham quien luchó para rescatarlo.

En tu vida sucederá lo mismo y quizá, incluso, estés en una etapa parecida en este momento. Te has dado cuenta de que ciertas personas a quienes quieres mucho ya no pueden ser parte de tu viaje de fe porque no encajan en la visión que Dios tiene para ti. Quizá tienen "vértigo espiritual" y no pueden subir contigo a las alturas que el Señor ha preparado para tu vida. Tal vez son amistades con las que creciste y que, de hecho, necesitaste durante una temporada de tu vida, pero ahora ya no comparten la misma visión que tú.

Sea la circunstancia que sea, tú estás en tu propio viaje de fe junto a Dios y has llegado a un punto en el que tendrás que separarte de ciertas personas, no necesariamente porque sean influencias negativas sobre ti –o quizás sí–, sino porque el plan de Dios es como un río que se expande a distintos lugares y tú estás incluido en ese diseño divino, pero no todos aquellos que están a tu alrededor son capaces de seguirle el paso a Dios.

Dice el conferencista internacional Jim Rohn que tú eres el promedio de las cinco personas con las que más tiempo pasas. Si lo piensas bien, hay algo de verdad en esto. Tú tienes una parte de ti en cada una de las personas con las que tú eliges relacionarte y compartir. Yo siempre he sido muy cuidadoso con las personas con las que me relaciono frecuentemente, porque he entendido que yo tengo un propósito que cumplir, y aquellas cosas y personas en las que voy a invertir mi tiempo y esfuerzo deben ir en la misma dirección en la que yo voy.

También es cierto que hay personas que querrán seguir contigo, pero no estarán dispuestos a subir al siguiente nivel de obediencia al que Dios te está llamando a ti y, por lo tanto, no podrán acompañarte, porque en realidad frenarán tus pasos, no los de ellos. Por eso es necesario que sepas que en el viaje de fe al que el Señor te ha llamado, en algún momento tendrás que aprender a despedirte de los "Lot" de tu vida. Si tú decides avanzar y ellos deciden montar el campamento, tendrás que decirles adiós. Si Dios te lleva al este y ellos quieren ir hacia el oeste, tendrás que despedirte de ellos, no porque no los ames, sino porque no han recibido el mismo llamado que tú.

El caminar contigo requiere más que tan solo el deseo de la compañía o el deseo de la meta que nos hemos trazado; se requiere el mismo compromiso. No todos los que eran parte de la tribu de Abraham habían nacido físicamente en su casa. Muchas fueron personas que se añadieron en el camino, pero era requerido tener el mismo compromiso. Todo aquel que trates de llevar al lugar que Dios te ha prometido, si no es filtrado correctamente, se volverá una carga pesada. Serán los causantes de disturbios y situaciones que traerán disrupción a tu vida.

Abraham reúne a Lot y le dice: "Lot, es hora de separarnos." Pero no lo hizo con riña o disensión, sino más bien con tacto y amor. "Lot", le dice Abraham, "Escoge tú la tierra que tú quieras. Y donde tú escojas, yo iré en el sentido contrario".

Abraham le da a Lot la oportunidad de escoger hacia dónde ir porque él sabía que la tierra a la que él debía llegar no la podía escoger Lot, ni siquiera la tenía para escoger él.

El hecho de que tengas que dejarlos ir no implica que vives en rencor o coraje con ellos, sino que el viaje con ellos simplemente terminó aquí. Son personas con las que podrás mantener contacto, pero a la distancia, y en el momento que requieran de tu ayuda debes estar dispuesto a brindársela.

Hasta para terminar una relación o partir caminos debes hacerlo con amor. Tú puedes dejar de caminar con alguien y seguir siendo una bendición para esa persona; solo que ya no caminan juntos. Deja siempre la puerta abierta para ser una bendición para todos, especialmente para aquellos con los que una vez caminaste.

Entonces, ¿cómo saber a quién escoger para que te acompañe en tu viaje de fe? Esta pregunta es clave para poder continuar en el camino que Dios diseñó para ti. Quiero proponerte un filtro perfecto: **los no negociables**. Esta es una idea que te ayudará a elegir a aquellas personas con las que podrás entablar las amistades más profundas o a quienes les pedirás los consejos más importantes en tu vida, porque los no negociables son una especie de estrella polar o el punto norte en una brújula que, sin importar lo que esté pasando alrededor, se mantendrán firmes y te ayudarán a mantener la dirección.

Te lo explico con un personaje bíblico con el que estoy seguro te podrás identificar: Caleb. Cuando los israelitas llegaron por primera vez a las puertas de la Tierra Prometida, Caleb fue uno de los doce espías que inspeccionaron la tierra y vieron todas las bendiciones que esa tierra tenía, pero también todos los obstáculos, incluyendo los gigantes que la habitaban. Todo Israel se dejó guiar por la vista, creyeron que era imposible vencer en batalla a esa nación de gente enorme, y prefirieron vagar en el desierto por cuarenta años hasta que se levantara una nueva generación que sí le creyera a Dios. ¿Qué pasó con Josué y Caleb? Fueron los únicos sobrevivientes de la generación incrédula porque fueron los únicos dos que caminaban por fe y no por vista. Aquí entran los "no negociables" de Caleb que lo ayudaban a caminar por fe.

Caleb creía que Dios era bueno y lo amaba. Caleb creía que Dios podía darles la Tierra Prometida. Caleb creía que Dios era más poderoso que todos los gigantes de Canaán. Caleb creía que Dios lo había sacado de Egipto para llevarlo a una tierra en donde las bendiciones fluían con libertad. Estos "no negociables" ayudaron a Caleb a no creer que los gigantes eran más poderosos que Dios, a no creer que Dios los había sacado de Egipto solo para matarlos en el desierto y a no creer que el tiempo de la bendición había caducado. Esta fue la razón por la que Caleb pudo conquistar su porción de tierra aún con ochenta y cinco años de edad, en lugar de cuarenta. Al igual que le pasó a Caleb, tus propios "no negociables" te servirán como filtros para escoger a tus acompañantes de viaje.

Te propongo dos ideas que podrán ayudarte a escoger a tu compañía: 1) la Tierra Prometida, y 2) la circuncisión. ¡Calma, calma! Hablo de la circuncisión como un concepto y no como un procedimiento físico. Según Romanos 2:29, la circuncisión que Dios está buscando hoy en día para nosotros es la circuncisión del corazón y significa que debemos dejar atrás todo aquello que no le agrada al Señor y todo aquello que nos estorba en nuestro caminar con Él.

> ## ESCOGE COMO COMPAÑEROS DE VIAJE SOLO A AQUELLOS QUE QUIEREN CAMINAR BAJO LAS CONDICIONES QUE DIOS TE HA DADO.

Si vemos de nuevo la vida de Abraham, ningún incircunciso podía compartir el viaje de vida con él porque la circuncisión era la señal de un pacto eterno que el patriarca había hecho con Dios. Nadie podía acompañarlo en su peregrinaje si no se circuncidaba. Además, todo aquel que quisiera ser compañero de Abraham, debía creer que había una tierra que Dios había prometido como herencia, aunque no supiera aún dónde estaba, cómo se llamaba o cómo habría de poseerla.

Si un hombre quería acompañar a Abraham, pero no estaba dispuesto a cumplir con estos dos no negociables, no podía ser compañero de viaje de Abraham y la despedida era inevitable. Al igual que Caleb y Abraham, tú también puedes establecer tus no negociables para saber quiénes pueden acompañarte en tu viaje de fe. ¿Cuál es tu Tierra Prometida? ¿A dónde te ha llamado Dios? ¿De qué cosas, costumbres o formas de pensar te ha alejado Dios? Escoge como compañeros de viaje solo a aquellos que quieren caminar bajo las condiciones que Dios te ha dado.

Mi querido amigo, el pastor Cash Luna, ha compartido en varias ocasiones una frase maravillosa que habla de su propio viaje con Dios, pero desde un punto de vista que me ha impactado poderosamente por diferentes razones. Él dice que cuando haya sido llamado a la presencia del Señor, quiere que en su lápida se lea lo siguiente: "Aquí yace un hombre con quien Dios decidió caminar". Pienso que esta frase resume todo lo que puede decirse de un viaje de fe y puedes aplicarla a tu vida porque, más allá de la promesa que Dios te haya hecho o de lo que te haya pedido, más allá de los años que te toque seguirlo y de todas las bendiciones que Él derrame sobre ti, debes comprender una verdad que es tan vital como los latidos de tu corazón: Si estás caminando con Dios, es porque Él decidió caminar contigo. Y quien no quiera seguirlo a Él y las nuevas rutas que Él decida para ti, no podrá seguir haciéndote compañía.

9

DIOS NO
NECESITA AYUDA

Se dice que uno de los problemas de caminar en el desierto es no tener un punto real de referencia en el cual fijar nuestra mirada. Por lo tanto, podemos creer que estamos caminando en línea recta sin darnos cuenta que estamos dando vuelta en círculos. No es hasta que de repente comienzas a ver unas pisadas, que puedes darte cuenta de que son las tuyas o puedes engañarte pensando que otras personas van caminando por ese mismo lugar y seguir las mismas pisadas que hiciste quedándote en el mismo lugar.

Nuestros pies, al tratar de caminar en línea recta sin punto fijo, tienden a desviarse unos pocos milímetros en cada pisada. Esto no parece ser mucho, pero cada pequeño milímetro se va sumando y crea el efecto de hacer que des vuelta con la ilusión de que vas en línea recta. De hecho, si un avión se desvía tan solo un grado de la ruta trazada puede terminar en un país totalmente diferente, o incluso, en otro continente. Muchas personas no hacen los cambios necesarios en su vida porque menosprecian el poder de los pequeños pasos.

La mayoría de las adicciones en las personas empiezan con una sola ingesta, o una sola apuesta, que luego viene seguida por una ingesta más, y luego otra, y luego otra. "Es solo una", dirán algunos, "Es solo un ratito". Y ese ratito pequeño se terminó con un desvío gigante de la ruta que tenías trazada al inicio. Si no eres capaz de auto corregirte y darte cuenta de que vas por el camino incorrecto, puede ser que despiertes muy tarde para hacer los ajustes necesarios. En el desierto podrías morir de sed y, en cuanto a la vida, la desperdiciarías sin que te quede tiempo para recuperar lo perdido o aún peor, para completar aquellas cosas que verdaderamente son importantes.

No tener consecuencias inmediatas en nuestras vidas perpetúa el error de permanecer en error. Muchas personas creen que están jugando un video juego donde tienes múltiples vidas y simplemente puedes volver a comenzar cuando quieras. La vida no es así. Si no tomamos tiempo para reflexionar y corregir, la misma vida nos hará despertar de forma abrupta a la realidad de que no íbamos por el camino correcto.

La misma vida nos obliga en muchas ocasiones a tener que salir del piloto automático en el que nos encontramos para darnos la oportunidad de reflexionar y hacer los cambios necesarios. Muchas veces estos momentos pasan por desapercibidos porque no necesariamente son lo suficientemente dramáticos para que nuestra mente se dé cuenta de la oportunidad que tenemos para hacer los cambios a nuestro rumbo antes de que terminemos en el destino incorrecto. ¿De qué sirve hacer tanto esfuerzo y pasar tanto trabajo si terminas en un lugar donde no deseabas estar? ¿De qué sirve todo ese tiempo para luego entender que el viaje siempre estuvo en tu cabeza, pero tus pasos no guardaban congruencia? Este es el mal de muchos: saben lo que tienen que hacer, pero por alguna razón simplemente no lo hacen. En vez de corregir sus pasos son expertos en dar todo tipo de excusas por las cuales siguen dando vueltas en círculo.

NO TENER CONSECUENCIAS INMEDIATAS EN NUESTRAS VIDAS PERPETÚA EL ERROR DE PERMANECER EN ERROR.

Estoy casi completamente seguro de que has oído esa frase que dice que Dios no permite que tengamos pruebas que no podemos sobrellevar. Por ejemplo, sin importar las circunstancias difíciles que pudiéramos estar viviendo en este momento, esta frase trata de infundir ánimo, pero lo hace desde un punto de partida incorrecto, porque se enfoca en el supuesto de que tú y yo tenemos la capacidad de vencer cualquier problema que se nos venga encima; pero esto no es verdad. La realidad es que todo ser un humano tiene un punto de quiebre. Ese punto no es necesariamente malo, sino que podría ser el momento más importante para el despertar de la conciencia que a veces necesitamos para poder despertar a los cambios que necesitamos hacer.

En Lucas 15, Jesús contó una historia para ilustrar un punto importante de la vida de fe. Un hombre tenía dos hijos y el hijo menor pidió la parte de la herencia que le correspondía para poder vivir, básicamente, como si su padre ya hubiera muerto. Este joven se ha llegado a conocer en las iglesias como el "hijo pródigo" y en cuanto recibe su herencia, se va a vivir a un país lejano, despilfarra toda la herencia que había recibido y, al mismo tiempo, una hambruna golpeó el país donde estaba viviendo.

Alguien podría haberle dicho al muchacho que no se desesperara, que Dios no le daría una prueba que él no pudiera soportar, que Dios le da las tareas más difíciles a sus mejores soldados y muchas más de esas frases que solemos encontrar ahora en las redes sociales. Sin embargo, lo que vemos en la historia del hijo pródigo es a un joven que llegó a desear las sobras de la comida de los cerdos que debía cuidar. ¡En ese punto este joven tocó fondo y comprendió que no podía hacer nada más que volver a la casa de su padre, pedir perdón y esperar que lo trataran con misericordia! [17]

A veces, las experiencias que Dios permite en nuestra vida no están tratando de hacernos sentir fuertes, sino todo lo contrario, para que entendamos que Dios no necesita de nuestra ayuda, sino nuestra obediencia y nuestra paciencia. Estas experiencias nos enseñan que somos nosotros los que necesitamos del Señor y que nuestras capacidades tienen límites naturales. Si sientes que Dios ha permitido una prueba en tu vida que no puedes vencer por tu cuenta, lo más probable es que estés en lo cierto y sea tiempo de que busques la ayuda de Él.

Estoy seguro de que si pudiéramos ver la vida de ese muchacho como si fuera una película, desfilarían ante nuestros ojos muchas escenas de fiestas, diversión, despreocupación

17. Lucas 15:11-24.

e incluso una forma de generosidad en la que el muchacho pagaba la cena de todos sus amigos y quizá incluso de todas las personas en los restaurantes. La vida de este muchacho fue "viento en popa" por mucho tiempo, pero poco a poco se fue consumiendo en el descuido porque una simple decisión equivocada lo puso en el camino de la destrucción, y tarde o temprano llegaría al destino que había escogido sin darse cuenta. Quiero que veas que el joven de la historia tomó la peor decisión de toda su vida cuando le pidió a su padre lo que le tocaba en herencia, pero las consecuencias de su elección se vieron mucho tiempo después.

Te cuento esta historia porque en ocasiones nosotros también podemos caer en comportamientos parecidos. Es posible que hagamos cosas incorrectas y recibamos bendición. Puede ser que no veamos las señales que están frente a nuestros ojos e, incluso, es posible que, por un tiempo, en verdad no haya ninguna señal de problemas y creamos —erróneamente— que lo que estamos haciendo mal, no es tan malo porque juzgamos lo bueno y lo malo de forma equivocada.

Una creencia que se ha enraizado en nuestra forma de pensar, como seres humanos, es que las malas obras siempre deben tener malas consecuencias. La idea de acción y reacción gobierna a menudo nuestra forma de evaluar lo que hacemos y el resultado de esas acciones. En pocas palabras, si alguien hace todo bien, debe cosechar buenos resultados y si hace algo mal, debe tener malos resultados. Esto provoca que muchas personas se pregunten: Si estoy haciendo las cosas bien, ¿por qué estoy pasando por estos problemas?

En los tiempos bíblicos también existía esta noción y lo vemos en el libro de Job cuando los amigos de Job lo critican y le dicen que todo el sufrimiento que vino sobre su casa, incluida la muerte de todos sus hijos, era un castigo divino por algo que él había hecho mal. Es importante aclarar que cuando comenzamos a leer la historia de Job se nos aclara que era un hombre recto delante de los ojos de Dios. Según la descripción de los primeros versos, es un hombre que todos aspiramos ser, pero al conocer su historia no queremos pasar las mismas experiencias que él vivió.

> **LA VIDA PERFECTA SOLO SE ENCUENTRA CUANDO EN MEDIO DE LA IMPERFECCIÓN DE LA VIDA NOS ENCONTRAMOS CON LA PERFECCIÓN DE DIOS.**

¿De qué sirve entonces ser una persona recta delante de los ojos de Dios? ¿Será que algunos están destinados al sufrimiento y otros a las alegrías? ¿Será que desde antes de nacer ya está establecido aquellos que tendrían ciertos privilegios y quienes no? La realidad es que la vida perfecta solo se encuentra cuando en medio de la imperfección de la vida nos encontramos con la perfección de Dios. La vida ideal es cuando aprovechamos cada experiencia, las buenas y las malas, para ver la gracia de Dios sobre nosotros.

No obstante, la naturaleza de los hombres nos hace cuestionar nuestras experiencias para tratar de descubrir su origen, pensando que con esto le encontraremos razón a lo vivido. Buscar razones o racionamientos nos llevan a conclusiones, pero no necesariamente a cambios. Esas conclusiones, muchas veces lo único que pueden hacer, es llevarnos a aceptar nuestras circunstancias y adaptarnos a ella. Esto es lo que han formado las religiones a través de los tiempos. Muchas ideas religiosas son el producto de tratar de explicar aquellas cosas que simplemente son y que debemos enfrentar. Estas explicaciones solo satisfacen cierta parte de nuestro ser, pero hay otra que sabe que fuimos hechos para cosas más grandes. He llegado a la conclusión de que no quiero más conclusiones; solo quiero razones para moverme hacia la fe. Nuestro razonamiento debe ser usado para acercarnos más a la fe y no para alejarnos más.

Siglos más tarde de la historia de Job, cuando Jesús y varios de sus discípulos se encuentran con un ciego de nacimiento, preguntan quién había pecado para que él naciera ciego, si sus padres o él mismo.[18] Según ellos, nacer ciego ya era fruto de un mal cometido por el padre del joven o del mismo joven en el vientre de su madre. Mientras estas personas religiosas trataban de llegar a una conclusión, el joven seguía ciego. ¿Puedes por un momento ponerte en los zapatos de este joven sobre el cual argumentaban estas cosas? ¿En qué contribuía esta discusión a su situación? Lo que hacía esta discusión era empeorar el problema porque el padre vivía con la culpa de la situación de su hijo. ¿Qué padre quiere cargar con esa culpa? ¿O el joven vivía con su condición y la carga emocional de que era su responsabilidad y no podía hacer nada para solucionarlo?

El problema de pensar de esta forma es que evaluamos si nuestras decisiones fueron correctas según aquello que vemos, y no necesariamente según lo que Dios nos ha ordenado. Jesús no entró en esa discusión. Jesús no trató de razonar el problema,

18. Juan 9:1-3.

sino que tomó acción y sanó aquel joven. Razonamientos llevan a conclusiones, pero la fe te lleva a tomar acciones que transformen tu situación. Al ver todos los que cuestionan la procedencia de la enfermedad que este joven había sido curado, ahora tenían que buscar una razón para lo ocurrido. El cuestionamiento dejó de ser de dónde había llegado esa enfermedad para preguntar si fue Jesús o si realmente había estado ciego. La razón nunca se satisface, pero la fe siempre transforma.

En la vida, es importante medir los resultados que tenemos porque de alguna manera u otra nos dan unos indicadores de las acciones que estamos tomando, pero no pueden ser el único factor ni el factor principal para nuestra vida de fe. Algunas veces haciendo las cosas correctas tendremos que enfrentarnos a momentos difíciles, y en otras ocasiones las consecuencias de nuestras acciones no las veremos hasta mucho tiempo después. Podemos pensar que nos salimos con la nuestra, pero la realidad es que todo lo que hagamos fuera de la fe no rendirá los frutos que Dios nos ha prometido.

> **LA RAZÓN NUNCA SE SATISFACE, PERO LA FE SIEMPRE TRANSFORMA.**

No te dejes impresionar porque observes que haciendo algunas cosas mal todavía las cosas te salen bien. Tampoco trates de razonar por qué estás viviendo algo malo. Si estás tratando de agradar a Dios, solo asegúrate de que a pesar de lo que estás viviendo, tu fe le agrada.

Te relato dos momentos en la vida de Abraham donde vemos estos principios claramente. Observa cómo en un momento de error aparentemente nada pasa, pero la realidad es que los efectos no los vemos necesariamente en el momento, pero más adelante se han de manifestar. Durante un tiempo de hambre, Abraham decide llevar a su familia a Egipto. Al llegar, le pregunta por su esposa Sara y él niega que sea su esposa, diciendo que es su hermana.[19] No tan solo miente, sino que pone en peligro la vida de ella y el plan de Dios. Dios mismo tiene que detener al rey de este tiempo de acostarse con Sara, y provoca que vaya donde Abraham y le entregue a su esposa. Algo curioso pasa y es que en esta ocasión el rey no tan solo le devuelve a su esposa, sino que le da grandes riquezas.

EL PERDÓN DE DIOS SIEMPRE LO TENDREMOS, PERO NADA NOS LIBRA DE LAS CONSECUENCIAS DE NUESTRAS ACCIONES.

Ahora piensa conmigo por un momento: miento diciendo que es mi hermana cuando es mi esposa, la entrego a otro hombre, no confío en Dios, sino en mis habilidades para salirme de un problema, y a pesar de todo esto salgo con dinero y riquezas en la mano. No sé si puedes percibir lo que quiero que veas; alguien que hace todo mal y le sale todo aparentemente bien. Este tipo de eventos en nuestras vidas puede crear una conciencia de impunidad y de que no importa lo que hagamos, siempre nos saldremos con las nuestras. Esto es lo que hace que creemos hábitos destructivos que parecen inofensivos, pero al igual que

19. Génesis 12:11-13.

al caminar en el desierto sin punto fijo, milímetro a milímetro, nos van dirigiendo a unas vidas que no deseamos. Más aún, nos alejan del plan perfecto de Dios para nosotros, sin darnos cuenta de las consecuencias que tendremos que enfrentar en el futuro. El perdón de Dios siempre lo tendremos, pero nada nos libra de las consecuencias de nuestras acciones.

Parece que todo le había salido bien a Abraham y que salieron de aquel lugar ilesos y sin mayores consecuencias. Sabemos que de este lugar salen con una nueva integrante de la familia, la cual iba a traer problemas en el futuro. Todo se complica cuando lo que Dios nos ha prometido no se cumple en el tiempo que pensamos que debe cumplirse. Es un gran conflicto mental y espiritual. Si hago las cosas mal y salgo bien, más para colmo Dios no cumple lo que me ha prometido, ¿qué es lo que me resta por hacer? Esta es de las peores actitudes y pensamientos que podemos llegar a tener en nuestras vidas. Nos hace prepotentes, poco humildes y llenos de excusas para justificar todas nuestras acciones. Nos lleva a pensar que Dios necesita de nuestra ayuda.

DIOS NO NECESITA AYUDA, SINO PACIENCIA Y OBEDIENCIA.

Abraham se topó de frente con este dilema cuando trató de "ayudar" a Dios para cumplir la promesa que Dios mismo le había hecho. Ya que Sara, su esposa, no podía tener hijos, ejecutaron un plan que estaba lejos de ser el milagro que Dios tenía planificado para ellos. Abraham tuvo relaciones sexuales con la sierva de la casa, Agar, y engendró a un niño llamado

Ismael. De más está decir que ese no era el plan de Dios, pero lo diré de todos modos: ¡Ese no era el plan! Agar había entrado en la casa de Abraham mientras la familia estuvo en Egipto. ¿Por qué vivieron en Egipto? ¿Dios los envió ahí? ¡No! La hambruna había golpeado la tierra donde Abraham y Sara estaban viviendo y tomaron una decisión que no era basada en la fe, sino en la capacidad: se fueron a Egipto. Una vez ahí, prosperaron a pesar de estar en un lugar al que Dios no los había enviado y fue ahí, precisamente ahí donde conocieron a Agar.

Años más tarde, cuando la promesa del Señor se veía cada vez más lejos, Abraham y Sara volvieron a tomar una decisión no basada en la fe, sino en su capacidad: engendrar un hijo con Agar, la sierva egipcia. En su desesperación, la pareja trató de ayudar a Dios a cumplir su promesa, pero Dios no necesita ayuda, sino paciencia y obediencia. La vida de fe nos llevará, muchas veces, a momentos y lugares en los que tendremos que esperar pacientemente a que Dios haga lo que dijo que haría, porque la fe significa obediencia en la capacidad de Dios y no en la nuestra.

Entre las consecuencias del comportamiento erróneo de Abraham te puedo citar *tres* que, a mi parecer, son las más significativas y necesitarían libros enteros para analizarse apropiadamente.

+ La **primera** consecuencia fue el engaño personal de pensar que Ismael era la promesa de Dios.

Por muchos años, Abraham se hizo creer que este hijo era el que Dios le había prometido, sin querer entender que era un substituto. Este hijo no era producto de la fe, sino producto de las posibilidades de Abraham.

Recuerdo un jugador de golf que en una ocasión llamó al árbitro del juego para dejarle saber que había tocado la bola por error, que por favor le pusieran una penalidad. En este juego no es el que más puntos haga, sino el que menos golpes dé. Nadie había visto que él había golpeado la pelota, pero él sí, y decidió dejarlo saber. Al final del torneo, ese golpe por error le costó el torneo.

Alguien le preguntó por qué él dijo que había golpeado la pelota y su contestación fue espectacular. Él dijo: "Si me llevaba el trofeo para mi casa, cada vez que lo viera yo sabría que no me lo gané, y no podría vivir con eso". Sin darnos cuenta, hay muchos que tienen trofeos que no se merecen porque no son producto de la fe. Puede ser que impresiones a los demás y aun a ti mismo, pero te pregunto: ¿Qué pensará Dios? ¿Puedes vivir con estas cosas? La realidad es que cuando hacemos esto, nos preparamos para un gran dolor en nuestras vidas.

+ La **segunda** gran consecuencia y que el mismo Abraham tuvo que sufrir fue el dolor en el corazón de un padre que se ve obligado a sacar a su propio hijo de la casa y dejarlo desamparado.

Abraham se tuvo que desprender de su primer hijo para darle espacio a la promesa de Dios. Fue un momento desgarrador para el corazón de este padre. Dios, en su infinita misericordia, le dejó saber que Él tendría cuidado de él. Ahora Abraham tenía que vivir con la seguridad de que Dios cumpliría su palabra sobre Ismael, aunque no lo tuviera cerca. Sin poderlo ver tenía que confiar en que Dios cumpliría su palabra. Los que hemos estudiado la historia sabemos que fue así, pero piensa en la tortura mental que debió haber tenido Abraham pensando en su hijo.

+ La **tercera** gran consecuencia que se materializó hasta muchas décadas después, pero que sigue viva aún ahora, es la enemistad entre los pueblos que formaron los descendientes de Ismael y los de Isaac.

Muchas guerras se han librado entre estos dos pueblos que, en su raíz, en realidad son hermanos. La desesperación del patriarca lo empujó a desobedecer a Dios y eso tuvo consecuencias que, aunque no fueron inmediatas, fueron verdaderamente serias.

EL VIAJE DE LA FE NO SE TRATA TAN SOLO DE ALCANZAR BENDICIONES, LOGRAR METAS Y MATERIALIZAR SUEÑOS, SINO DE SER TRANSFORMADOS POR LA GRACIA DE DIOS A TRAVÉS DE LA OBEDIENCIA, LA CONSTANCIA Y LA PACIENCIA.

Abraham tuvo que aprender que es posible prosperar a pesar de hacer lo incorrecto y que él estaba llamado a vivir como un elegido de Dios, con todo lo que eso implicaba. La invitación que el Dios Único le había extendido a Abraham mientras aún estaba en Ur de los Caldeos lo retaba a vivir de forma diferente, a caminar en paciencia, a creer aún en contra de las pruebas visibles que este mundo le proporcionaba. Abraham estaba llamado no solo a ser bendecido, sino a ser distinto, porque la bendición habla del corazón generoso de Dios, pero la forma en que conseguimos esa bendición habla de nuestro propio corazón y de cuán comprometidos estamos con lo que Él quiere lograr a través de nosotros. El viaje de la fe no se trata tan solo de alcanzar bendiciones, lograr metas y materializar sueños, sino de ser transformados por la gracia de Dios a través de la obediencia, la constancia y la paciencia.

Cuando Abraham ya no tenía la capacidad de "ayudar" a Dios para cumplir la promesa del nacimiento de un hijo porque ya tenía cien años de edad, dice la Biblia en Romanos 4:18 que *"creyó en esperanza contra esperanza"* y entonces, solo entonces, Dios hizo el milagro que había prometido, porque fue en ese punto cuando Abraham ya no tenía más opción que tener esperanza en la capacidad de Dios y no en la suya.

Sin embargo, la lección más hermosa que veo en estas historias es que Dios no es un Dios que se agrade en tu derrota. Dios hubiera preferido que el hijo pródigo volviera en sí antes de desear la comida de los cerdos, y que Abraham no pecara con Agar por impaciencia, porque Él no quiere que sus hijos toquen fondo, sino que vuelen alto. Dios no quiere que llegues al punto de tu incapacidad para que comiences a creer en su poder.

Quiero invitarte a que analices tu propia vida y descubras en qué momentos has tomado decisiones basándote en tu capacidad y no en la de Dios. Descubre esas elecciones que has tomado en impaciencia y que te han acarreado consecuencias difíciles. Mira esos momentos en los que has confiado en tu propia fortaleza y no has esperado a Dios. Mira tu propio viaje de fe, analiza tus actos y pregúntate si la forma en que estás viviendo le da gloria a Dios. Habla de ese Ser que te llamó a vivir como una luz en medio de la oscuridad, o si estás viviendo como si nunca te hubiera llamado. Recuerda que el llamado que Dios nos hizo a ti y a mí se trata de que seamos transformados, y para eso es necesario que caminemos con paciencia y en obediencia, esperando el cumplimiento de lo que Dios nos prometió.

10

ENCUENTROS DIVINOS

Nunca debemos subestimar el impacto que tienen las personas que conocemos y con las que nos asociamos a través de nuestras vidas. Hay personas que simplemente añaden y otros restan. Tú no puedes escoger tu familia, pero sí serás responsable de los amigos que tendrás. Como no puedes escoger tu familia, tu familia influencia tu destino, pero no lo determina. Los amigos que escoges sí tendrán un gran impacto en aquellas cosas que vas a alcanzar en la vida. Durante nuestra niñez nuestros padres son los que escogen con quiénes nos vamos a juntar y quiénes serán nuestros amigos. Esto es algo que sucede muchas veces de forma inconsciente. Por ejemplo, la capacidad financiera de una familia determina la escuela a la que vamos y eso de por sí determina los primeros amigos que tendremos. Tus padres escogen a qué fiesta de cumpleaños vas. Esta pequeña decisión determina también con quién te vas a relacionar. Cuando vas madurando en tu vida, eres tú el responsable de aquellas personas con las que te vas a asociar y con quién decides caminar.

No es mi costumbre tomar el tiempo de un viaje en avión para simplemente ver películas. Por lo general hago dos cosas que se me hace difícil hacer en otros momentos: dormir y estudiar. La realidad es que la vida ajetreada que llevo junto a mi esposa tan solo me deja a veces esas dos o tres horas donde no tengo interrupción de nadie, así que trato de aprovecharlas al máximo. En uno de mis pasados viajes rompí esta costumbre y tomé el tiempo de ver una película que me llamó la atención.

Esta película es la historia de la vida de Elvis Presley. Quedé cautivado por la historia y la manera en que la película recrea la vida de este gran artista. Me impresiona que las vidas de muchos artistas tienen muchas similitudes. La vida de Elvis fue grandemente influenciada por sus experiencias; cuando joven participaba en una iglesia afroamericana. La influencia fue tanto espiritual como en su estilo de música. Hay muchas cosas que podría resaltar de la película y de su vida, pero solo quiero llamar tu atención al poder de la asociación.

Como en toda historia, hay diferentes versiones de la misma historia. Realmente nunca sabremos toda la verdad porque para eso hubiéramos tenido que vivirlo en carne propia. La vida de Elvis fue grandemente influenciada por su familia, su esposa, su manejador original y sus amigos. El conflicto entre este grupo de personas y su influencia en la vida de Elvis fue uno trágico. Yo no puedo decir quién fue o quiénes fueron los responsables, pero sí sabemos que todos tuvieron una gran influencia. La vida musical de Elvis llegó a grandes escenarios por el famoso "Coronel", Tom Parker. Su sagacidad para hacer negocios y capitalizar en el talento de este gran fenómeno le abrieron puertas impresionantes. A través de los tiempos esta relación fue tumultuosa por los múltiples compromisos, influencias de otras personas y quizás también por el control que quería ejercer sobre Elvis. Muchos lo culpan a él de que Elvis llegara a ser tan infeliz que lo llevara a morir de un ataque de corazón.

Uno de los factores que contribuyó a todo esto fue el uso de drogas. Elvis fue expuesto a este tipo de sustancias por sus amigos, personas que comenzó a conocer en el camino de su vida. Estas personas comenzaron a hacer múltiples ofertas que a Elvis le parecían en un momento grandes oportunidades, pero pudieron ser un factor determinante en la salud mental y emocional del cantante. Quiero aclarar que todos debemos ser responsables de nuestras decisiones y que todos tenemos la oportunidad de decir que no, pero la realidad es que, si no tenemos alrededor las personas correctas en nuestras vidas, las influencias de las personas incorrectas nos guiarán a tomar malas decisiones.

La vida de Elvis Presley se fue desvaneciendo poco a poco ante los ojos de todos. Comenzó a vivir una vida totalmente desordenada consumiendo todo tipo de alimentos, bebidas y drogas. Según su autopsia, en su cuerpo había más de 10 diferentes tipos de droga. Ningún corazón aguanta tanta presión, tanto desvelo y tanta mala vida. ¿Se podía hacer algo más por Elvis? ¿Alguien podría ayudarlo y no lo hizo? Sabemos que su esposa, el amor de su vida, trató en múltiples ocasiones de intervenir, pero ya su vida había entrado en un espiral hacia el vacío sin posibilidad de volver a elevarse. Una vez más no podemos culpar a nadie de nuestras decisiones, pero sí debemos conocer el poder de nuestras asociaciones.

De la misma manera que hay personas que nos impulsan, otros simplemente nos detienen. Te comentaba al principio de este capítulo que, aunque por muchos años de nuestro desarrollo nuestros padres escogen de quiénes nos rodeamos, cuando crecemos somos responsables de escoger quiénes son aquellos que van a tener una influencia grande en nuestras vidas.

A medida que vamos creciendo y avanzando en nuestras vidas obligatoriamente tendremos encuentros con personas nuevas que están en esos nuevos niveles. Algunos de los que comenzaron con nosotros estarán capacitados para acompañarnos, pero otros no. No podemos llevar personas de nuestro pasado hasta nuestro futuro. Esto sería un grave error. Ahora; este no es el único error que podemos cometer. Cada nueva etapa nos llevará a nuevos encuentros con personas nuevas y tendremos que escoger con quiénes podremos llegar a tener una relación en esta nueva temporada. El no filtrar correctamente estas personas nos puede llevar a que entreguemos todo nuestro futuro en las manos de personas que no conocen al Dios que conocemos y que no tienen los mismos intereses que tenemos nosotros.

A DIOS LE AGRADO CUANDO CUMPLO CON SU PALABRA Y SU PROPÓSITO PARA MI VIDA.

Las nuevas relaciones en las que vamos a entrar tienen que pasar por el filtro del propósito original por el cual iniciamos nuestro camino, que era agradar a Dios y ser un agente de transformación. Cuando logramos avanzar en nuestras vidas, personas comenzarán a ver nuestro talento y nuestros logros. Esto va a atraer todo tipo de propuestas que tienen que ser bien analizadas. No nos podemos deslumbrar por las propuestas por mejores que se vean sin que realmente tomemos un tiempo para meditar y para pensar, en momentos donde no tan solo aseguramos lo que hemos logrado, sino que también aseguramos nuestro futuro. En esta etapa debemos haber madurado para entender que no podemos pensar que si tomamos una decisión y algunas cosas nos salen bien, esa es la única señal de que estamos agradando a Dios. A Dios le agrado cuando cumplo con su Palabra y su propósito para mi vida.

En la vida de Abraham conocemos la importancia de varias personas que intervinieron en momentos cruciales. Estas personas son claramente representantes de Dios en la vida de Abraham para ayudarle a cumplir su propósito. Primero estuvo Eliezer.[20] Este era su fiel servidor, una persona de vital importancia para el cumplimiento del plan de Dios para su vida. Cuando Abraham no tenía hijo y pensaba en morirse, pensaba en dejarle todo a este hombre. No conocemos mucho de su vida, pero sí de lo que representaba para "el Padre de la fe".

Este hombre era de tanta confianza que cuando llegó el tiempo de que Isaac se casara, le confiaron que buscara una esposa para Isaac.[21] Esto no era cualquier tarea. Recordemos que estamos hablando del "Padre de la fe"; el hombre al que Dios había llamado para establecer su reino. Con quien se casara su hijo, tendría una gran influencia en el destino y el plan de Dios. Este tipo de personas son las que nos ayudan a tener seguridad en el presente porque nos ayudan a cuidar de aquellas cosas que Dios nos ha dado, pero aún más, es consciente de que también tiene que asegurar el futuro. Es maravilloso

---

20. Ver Génesis 15:2.
21. Ver Génesis 24:1-4.

cuando tenemos personas que no tan solo piensan en contribuir a nuestro presente, sino que tienen claro que tienen la capacidad de influenciar nuestro futuro y lo harán con responsabilidad, pensando en el plan de Dios para nuestras vidas.

Una segunda persona importante y vital en la vida de Abraham fue Melquisedec.[22] Este encuentro fue uno divino o quizás podría llamar "interrupción". Melquisedec entra en escena luego de que Abraham librara una grande batalla y tuviera una grande victoria. Abraham pelea con cinco reyes y los derrota. La razón por la cual Abraham tiene que entrar en este conflicto es para salvar a Lot, su familia y todo lo que tenía. Al salir victorioso tiene un encuentro con el Rey de Sodoma, quien le hace una oferta. El rey le propone que le devuelva a toda la gente que había librado y que se quedara con todo el dinero.

Es muy interesante porque la realidad es que Abraham no tenía que devolver ninguna de las dos porque lo había ganado en una guerra, pero así es el mundo. En este mismo momento aparece Melquisedec para recordarle a Abraham que Dios lo había llamado para algo más grande. Ese encuentro yo le llamo una "interrupción". Dios interrumpe la toma de decisiones de Abraham para darle otra alternativa y que no cayera en la trampa de la oferta que retrasaría el plan divino para el "Padre de la fe". En el próximo capítulo te compartiré un poco más de algo que hace Abraham en este encuentro, pero por ahora solo comprende que la influencia de Melquisedec lo mantiene enfocado.

Mientras más avanzamos, siempre llegarán ofertas que parecen buenas, y oportunidades para asociarnos con la gente

---

incorrecta no faltarán. Las ofertas como la que recibió Abraham nos pueden llevar a perder de vista el verdadero propósito por el cual Dios nos ha dado las grandes victorias. La razón por la que Abraham fue a pelear era con el propósito de liberar a la gente. Ese era el propósito real. Las riquezas solo fueron un beneficio secundario por cumplir el propósito divino. Si Abraham aceptaba aquella oferta se volvía igual que cualquier otro rey. Estaría imitando y convirtiéndose en aquello que Dios llamó a que él transformara.

Los resultados de nuestras victorias no nos deben llevar a tomar las mismas decisiones que todo el mundo toma. Siempre vamos a necesitar personas que nos mantengan enfocados en las promesas divinas y en nuestro propósito; personas como Melquisedec que nos acerquen más a Dios y no que nos alejen.

Más adelante en la vida de Abraham él se encuentra con tres hombres que iban de viaje. Cuando Abraham tiene el encuentro con ellos, él se da cuenta que era necesario que ellos estuvieran en su casa. Abraham y su esposa los recibieron con la hospitalidad acostumbrada de este pueblo. Aquel encuentro resultó ser uno especial por el mensaje que ellos llevaron a Sara. Durante este encuentro estos visitantes le recuerdan a Abraham la promesa que Dios le había dado acerca de un hijo con Sara. Esta conversación fue curiosa porque, aunque no era directamente con Sara, creo que hablaron a propósito para que Sara escuchara.

Recordemos que Abraham había escuchado de parte de Dios acerca de que tendrían un hijo. Sara todo el tiempo había creído solo en la palabra de Abraham, pero directamente de parte de Dios no había escuchado nada. Creo que este encuentro específicamente fue para que Sara pudiera también tener la experiencia de escuchar el mensaje directamente de Dios mismo. Sara ya no tenía que creer solo en lo que su esposo le había dicho, sino que ahora sabía directamente de Dios cuál era el plan.

LOS RESULTADOS DE NUESTRAS VICTORIAS NO NOS DEBEN LLEVAR A TOMAR LAS MISMAS DECISIONES QUE TODO EL MUNDO TOMA.

En algunas ocasiones nuestra familia y seres queridos necesitarán escuchar directamente de parte de Dios aquellas cosas que nosotros hemos escuchado y creído. Sin embargo, debemos tener cuidado en llevar a nuestro hogar a todo aquel con quien nos encontremos en el camino. Cuidemos a los nuestros de intrusos que pueden entrar en nuestro hogar y desviarnos del propósito de Dios. Cada día tenemos que ser más selectivos en cuanto a este grupo de personas a las que daremos acceso.

No todo el mundo debe tener acceso directo y libre a los nuestros. Una mala conversación o una amistad equivocada los puede desviar y separar aún más del propósito de Dios para nuestras vidas. No obstante, Dios tiene personas apropiadas y significativas para momentos especiales, momentos divinos. Son enviados de Dios que nos ayudarán a permanecer en el camino hacia lo que Dios desea que logremos alcanzar. Este tipo de relación permitirá que entremos en el mismo grado de conciencia del plan de Dios para nuestras vidas.

Sé que quisiéramos que nuestras familias nos creyeran a nosotros cuando les decimos lo que Dios nos ha hablado, pero a veces es necesario que tengan su propia experiencia personal. Desde que escuchó a estos tres hombres, Sara no podía dudar de lo que Dios había hablado porque lo había escuchado por ella misma. Ella necesitaba estar igualmente convencida como Abraham, de lo que Dios quería hacer, y ya lo estaba.

Abre las puertas a los ángeles que Dios enviará para ti. No solo se trata de las puertas de tu casa; ese llamado de apertura también incluye las puertas de tu corazón y aun de tu mente y tu discernimiento. Solo permanece sensible a su voz, y el Espíritu Santo hablará. Créeme, lo escucharás, porque estás consagrado a Él.

Aquellas personas fueron parte del cumplimiento de la promesa de Dios para la vida de Abraham. No hace falta tener decenas de amigos, sino tener los correctos. En un mundo donde la gente mide la amistad o el amor por los *likes* que tienen en sus redes sociales, yo mido mis relaciones basado en cuánto me alejan o me acercan a lo que Dios tiene para mí.

Todos necesitamos estos encuentros divinos en nuestras vidas. Necesitas un Eliezer que te ayude a asegurar que tu futuro sea el correcto. Necesitas un Melquisedec que te interrumpa en el momento que puedes ser tentado a actuar como el resto del mundo. También necesitas estos visitantes que confirmarán a los tuyos que el mensaje que les has transmitido a través de los tiempos sí es algo divino. Estas personas tienen algo en común; salieron de lugares inesperados y en momentos importantes. No conocemos mucho o nada de su pasado ni tampoco de su futuro; solo sabemos el papel que jugaron en la vida del patriarca de la fe.

11

EL PODER DE SER
UN DÉCIMO

Uno de los conceptos que a menudo perdemos de vista es el de la consagración. A lo largo de nuestra vida tenemos lugares o espacios especiales, designados para algo específico y que no usamos para nada más. La cajita de las fotos, si naciste hace ya algunos años, y la lista de canciones energizantes para el gimnasio, si eres de la generación tecnológica. También tenemos objetos para usos específicos, por ejemplo, los aretes de oro que te dieron en herencia y que solo usas en ocasiones extremadamente especiales. Existen, además, los objetos consagrados a usos cotidianos, pero personales, como el cepillo de dientes que no compartirías con nadie. Designar espacios especiales para necesidades específicas es el principio de la consagración y, de hecho, hay ciudades que se han construido sin planificación y que, con el tiempo, sus autoridades se dan cuenta de la necesidad de espacios específicos para los que ya no hay lugar.

Si vamos a la historia del huerto del Edén, veremos que Adán podía comer del fruto de todos los árboles, excepto del árbol que había quedado consagrado para Dios. Respetar ese límite le daba al hombre el derecho de disfrutar de todos los demás, porque la consagración es una fuente de decisiones que debemos practicar conscientemente en nuestra vida hoy en día.

Como creyentes, es importante conocer todo lo que Dios nos ha dado, pero de igual manera todo lo que no nos pertenece o lo que debe ser consagrado a Él. La manera de seguir disfrutando de todo a lo que tenemos derecho es mantener consagrado aquello que Dios nos ha pedido que separemos solo para Él. Adán y Eva hubieran disfrutado eternamente del huerto si no hubieran tomado de lo único que Dios les pidió que reservaran, que consagraran.

En los tiempos modernos que vivimos, la palabra consagración o cosas sagradas es un poco anticuado y para algunos religiosos es algo inapropiado de decir o creer. No les prestamos atención a estas personas, espacios y cosas que deberían tener un lugar especial en nuestras vidas y que son parte de la demostración de nuestra fe. El término "consagrar" quiere decir separar, apartar, es darle un espacio especial a algo o alguien. Antes de continuar, de ninguna manera deseo promover la idolatría, fetichismo ni cosa parecida, pero creo que por el miedo a caer en estos errores muchas veces perdemos de vista el poder de las cosas consagradas en nuestras vidas.

Lo grande es que pequeños actos o cambios pueden hacer una gran diferencia en nuestras vidas. Cuando consagro algo establezco límites y le doy una orden a mi mente para que pueda dirigirse al lugar que yo deseo. La realidad es que el poder no está en las cosas consagradas, sino en la mente y en el corazón de aquel que ha creado esos espacios, y que le ayudan a mantener una conexión divina. Nos permite que haya en nuestras vidas cosas que nos recuerden la importancia de Dios.

El término "consagrar" se utiliza a través de los tiempos para describir lugares, personas, cosas y tiempos especiales separados con un propósito y en el mundo espiritual, dedicados a Dios. Por ejemplo, Jacob, el nieto de Abraham, tuvo un encuentro con Dios un día mientras huía de casa de su padre. Luego de haber tenido un gran sueño, al despertar decide tomar una piedra que había usado por cabecera y la presenta a Dios ungiéndola con aceite y llamando aquel lugar "puerta del cielo".[23] Años más tarde, este joven que estaba desesperado, solo regresó a este mismo lugar para dar gracias a Dios por todo lo que había hecho desde aquel día con él.

Déjame darte un ejemplo más de la vida diaria. Cuando vamos a adquirir una casa buscamos los cuartos o espacios suficientes para aquellas cosas que son nuestras prioridades. Le asignamos de antemano una razón de ser a cada uno de los espacios que tenemos. Un pequeño cambio de muebles o enseres cambia el significado completo de estos lugares que fueron asignados para algo en específico. Aún más, algunos de estos espacios no serán utilizados constantemente, pero los tenemos específicamente para momentos especiales donde queremos darles un significado especial.

Por ejemplo, en muchas casas ahora es de costumbre tener una sala y un "family room" En el cuarto familiar es donde se ponen el televisor, los video juegos y unos muebles un poco más

---

23. Ver Génesis 28:18-22.

informales que permitan el disfrute cómodo de esa área. Este es el lugar que probablemente más cosas electrónicas tenga y también donde más desorden puede ser que se vea. En cambio, la sala es un lugar un poco más formal y pocos o ningún aparato electrónico estará ubicado allí. Este lugar se usa poco comparado con el "family", pero se tiene para momentos y personas especiales. Ahora te pregunto qué pasaría si de repente decides poner un televisor en la sala. Acabas de cambiar todo el ambiente y todo lo que se supone que allí suceda. La razón por el que este espacio había sido creado, ha sido cambiado con la simple introducción de algo que no pertenece allí.

Creo que a nuestro cuarto matrimonial nadie, incluyendo nuestros hijos, deben entrar. Cuando alguien llega a nuestra casa nunca le mostramos nuestro cuarto matrimonial. Este espacio es solo para mi esposa y para mí. Nadie más tiene el derecho ni el privilegio de entrar en este lugar. Dios hoy nos ha prosperado y hasta puedo tener un lugar solo para estudiar y tener todos mis libros. Recuerdo que, cuando nos casamos, en el apartamento que alquilamos tomé literalmente el closet de una pequeña habitación que teníamos para orar y prepararme. Sé que Dios me puede hablar en cualquier lugar y quizás había lugares más cómodos para prepararme, pero entrar en ese espacio le daba una orden a mi mente de que era momento de separación.

Hoy tenemos un gran reto porque muchas personas trabajan desde su casa de manera virtual. Esto puede representar un gran problema si no podemos hacer la separación de los tiempos y los espacios en nuestra mente. Puede ser que nos encontremos 24 horas trabajando porque no hacemos la separación física y mental que necesitamos para consagrarnos para cada cosa que debemos hacer. De la misma manera, si tuvieras un trabajo fuera de tu casa, tienes que terminar tu jornada, cerrar la puerta de la oficina y dedicar tiempo para todo lo demás.

Esto no lo podemos dejar únicamente en espacios, sino que también tenemos que hacerlo con nuestro tiempo, cosas y personas. Hay momentos durante nuestra semana que deben ser totalmente consagrados para Dios y otros tiempos para nuestras familias. Debemos obligarnos a separar estos tiempos de manera consistente y con disciplinas, concentrándonos a nuestra mayor capacidad para alcanzar el objetivo que tenemos al separar estos momentos.

Es necesario también tener espacio para personas especiales en nuestras vidas, con quienes lleguemos a tener una relación de respeto y de honra que les permitan entender que tienen un lugar especial en nosotros. Estas personas tendrán la oportunidad de tener un nivel de influencia en nuestras vidas que otros no alcanzarán. Por eso tienen que ser escogidas correctamente, pero también tienen que ser tratados con respeto y honra.

El principio que yace en esto es que cada cosa tiene un lugar, al igual que cada persona, quien también tiene un lugar. Y todos los lugares se deben respetar.

A menudo llenamos nuestra agenda de tantas actividades y compromisos, que perdemos la noción del tiempo. El estrés es una realidad tan cercana que casi podríamos calificarlo de plaga, pues todos lo padecemos en mayor o menor medida. Sin embargo, la práctica de la consagración y la separación nos llevaría a apartar, por ejemplo, un tiempo en el día para buscar la paz de Dios en nuestra mente, y una noche semanal para solo conversar con la familia.

En una ocasión, Dios compartió con Abraham sus planes de destruir Sodoma y Gomorra, por su pecado.[24] Abraham comienza a negociar con Dios preguntándole si Él continuaría con sus planes si hubiera 50 justos en esas ciudades, a lo que Dios respondió que no lo haría. Abraham creía en este concepto a tal punto que, cuando intercedió ante Dios por la ciudad de Sodoma, llegó a orar por diez justos, porque si había diez personas apartadas para Dios en esa ciudad, diez personas que buscaran a Dios y que no buscaran sus propios deseos, la ciudad se salvaría, pero no los hubo. Para Abraham eran necesarias al menos esas 10 personas para que la ciudad fuera consagrada. El número 10 representa eso que es consagrado a Dios que santifica el todo. Creo que, si Abraham hubiera llegado hasta una sola persona, Dios no hubiera destruido a Sodoma, pero en su mente, al menos 10 era lo necesario. Es más, la idea de la consagración fue tan importante que se convirtió en uno de sus principales valores. Esto lo vemos reflejado en otros momentos de su vida.

La primera gran batalla que se relata en la Biblia se encuentra en Génesis 14 y le han llamado "Guerra de los Reyes" o la "Guerra de los Nueve Reyes" porque hubo nueve reinos involucrados. Pongámonos todo en contexto: en el final del capítulo 13 de Génesis tenemos el relato de cómo Abraham y Lot se separan porque sus siervos estaban teniendo problemas y riñas. Lot escoge la llanura, Abraham se va a la parte montañosa y Lot, eventualmente, termina viviendo dentro de la ciudad de Sodoma, epicentro de la guerra.

---

24. Ver Génesis 18:20-33.

Al sur de lo que hoy conocemos como Mar Muerto había cinco reinos: Sodoma, Gomorra, Adma, Zeboím y Bela. Estos habían vivido bajo el control del rey Quedorlaomer, rey de Elam por 12 años, pero decidieron rebelarse cuando llegó el año décimo tercero. El reino de Elam estaba en el área de Sumeria o Babilonia, es decir, el área cercana a Ur de los Caldeos. Así que el rey Quedorlaomer se unió con los reyes de Babilonia, Elasar y Goim para viajar casi mil kilómetros y sofocar la rebelión de Sodoma y sus cuatro reinos aliados.

El relato nos detalla cómo el ejército de Quedorlaomer devastó todos los pueblos que encontró en su camino hasta llegar al valle de Sidim para montar batalla contra Sodoma y ponerle fin a la rebelión. Durante la batalla, el rey de Sodoma sabe que todo está perdido y huye a esconderse, dejando a su pueblo a merced del ejército conquistador. Quedorlaomer y su ejército saquean las ciudades abatidas, toman a los sobrevivientes y se los llevan como esclavos. Entonces, el rey victorioso decide aprovechar el viaje que ya había hecho y rodea el Mar Muerto para conquistar territorios que, hasta ese momento, no habían estado bajo su control. Una vez más, arrasa con todo mientras va de regreso a su tierra. Uno tras otro iban cayendo los reinos que nada habían tenido que ver con la rebelión, pero que ahora estaban en el camino de una verdadera máquina de matar, un ejército cuyo tamaño no se sabe a ciencia cierta, pero que era prácticamente imposible de vencer.

Mientras el ejército caldeo y sus aliados vuelven a su país y conquistan todo a su paso, un siervo de Lot logra escapar y se va en busca de Abraham. Le cuenta lo sucedido y Abraham, sabiendo que su sobrino fue llevado cautivo por Quedorlaomer, decide ir en su rescate y monta un pequeño ejército para darle alcance a los invasores.

Abraham y sus siervos tuvieron que recorrer unos trescientos kilómetros para darle alcance al ejército de Quedorlaomer y, cuando lo lograron, se dividieron en pequeños grupos para atacar de noche por un lado y por otro, por aquí y por allá. La estrategia dio resultado y aquel pequeño ejército derrotó a los cuatro ejércitos que habían venido desde Caldea y habían sembrado muerte y destrucción a su paso.

Llegamos al punto clave del que quiero hablarte, porque cuando Abraham emprende su regreso, victorioso y habiendo rescatado a todas las personas que Quedorlaomer se había llevado cautivas, llega al valle de Save o Valle del Rey, que estaba a unos diez kilómetros de Salem, la ciudad que luego llegó a llamarse Jerusalén.

EL ÉXITO ES UN IMÁN.

Es justo en ese momento de éxito, cuando dos personajes importantes salen al encuentro de Abraham: el rey de Sodoma y el rey de Salem. El primero había salido de su escondite y el segundo había salido de su palacio. El primero había llegado a pedir y el segundo había llegado a bendecir. El primero había provocado la guerra con su rebelión y el segundo era el rey de Salem, nombre que significa "paz". El primero se llamaba Bera y el segundo se llamaba Melquisedec, nombre que significa "Rey de Justicia". El primero reinaba sobre una ciudad que se entregó al pecado total y el segundo no solo era rey, sino que también era un sacerdote del Dios Altísimo. Dos reinos diferentes, dos actitudes distintas, dos personalidades opuestas y dos grandes oportunidades de amistad para Abraham porque el éxito es un imán de atención. De pronto, Abraham, el anciano que solo había querido rescatar a su sobrino, se convierte en alguien que llama la atención.

El valle en el que estos dos reyes se encontraron con Abraham se llamaba "Save" y esa palabra significa, literalmente, "estar de acuerdo con", "parecerse a" o "ser igual a". Lo que tú y yo debemos comprender de ese detalle de la historia es que luego de un gran éxito, vendrán oportunidades a tu vida que antes no habrías podido tener. Los grandes, los exitosos, los "reyes" te van a buscar y van a querer saber cómo lo lograste, qué estrategias usaste, cómo te atreviste. Te van a ofrecer su alianza y su amistad, y vas a terminar estando de acuerdo con algunos de ellos y, más adelante en el tiempo, quizá termines pareciéndote a esas personas que se te acercaron cuando triunfaste. Lo repito: el éxito es un imán.

El rey de Sodoma se acerca a Abraham con una actitud un poco arrogante, con un extraño toque de generosidad, y le dice que se quede con el dinero y las posesiones que rescató, pero que le entregue a las personas. Melquisedec, en cambio, no pidió nada, sino que ofreció. Melquisedec salió con pan y vino a bendecir al anciano triunfante en nombre del Dios al que servía, el mismo Dios que Abraham había estado siguiendo por los últimos años, desde que lo llamó en Ur de los Caldeos. ¿Qué hace Abraham?[25]

---

25. Ver Génesis 14:18-24.

Le entrega a Melquisedec el diez por ciento de todo lo rescatado. El primer diezmo registrado en la Biblia se dio siglos antes de la Ley de Moisés y milenios antes de que tú y yo nos preguntáramos si se diezma antes o después de impuestos. Personalmente creo que Dios se agradó tanto de la acción del patriarca que decidió honrar ese gesto de agradecimiento incluyéndolo en la ley que más tarde le daría a su pueblo a través de Moisés.

Abraham decide honrar a Melquisedec, el rey y sacerdote que representaba a Dios, pero le devuelve al rey de Sodoma el restante noventa por ciento del botín mientras le dice que no se va a quedar con nada porque no quiere que luego se diga que fue él quien lo enriqueció. Después de esto, el rey de Sodoma se va con su gente, incluido Lot, que nuevamente decide abandonar a su tío e irse con el rey que lo había abandonado a él en plena batalla. Melquisedec vuelve a Salem y Abraham vuelve a Hebrón.

El principio de consagrar parte de nuestras victorias financieras para honrar a Dios todavía sigue presente. Si funcionó en aquel momento y quedó escrito es para nuestro beneficio. El presentar el diezmo reconoce que Dios es quien nos da la victoria y nos mantiene enfocados en el propósito por el cual Dios nos ha dado esas bendiciones. Es un acto intencional de consagrar sabiendo que no todo lo que ganamos es para nuestro disfrute, sino que hay que honrar a Dios con la porción que Él requiere.

Cuando tengas victorias –porque las tendrás– se acercarán a ti todo tipo de personas con felicitaciones, propuestas y oportunidades. Algunos vendrán de parte de Dios y algunos vendrán de otra parte y tendrás que discernir bien con quién quieres caminar, a quién quieres parecerte, con quién quieres asociarte. Porque Sodoma no es más que Ur de los Caldeos, pero con otra ropa y otro nombre. Los reyes de tu pasado volverán a buscarte, pero con propuestas nuevas cuyo objetivo es el mismo de antes: rodearte de ídolos y lograr que te inclines ante esos pedazos de madera o papel que no tienen vida.

Va a ocurrir que cuando tú eres alguien de valor, alguien que es reconocido y visto como importante, va a haber otras personas que se van a acercar a ti, pero, este acercamiento no es en realidad para felicitarte, o para dar o aportar a tu vida, sino más bien para tomar de ti. Cuando eres una persona que tiene mucho, todos querrán tener una parte de ti.

Es aquí donde resulta en extremo útil para tu vida aprender a identificar cuáles son esas personas que vienen a tomar una parte de ti. Y no quiero que me malentiendas, no está mal dar a los demás. Al contrario, es bueno dar y entre más das más te va a dar Dios a ti. El problema viene cuando tú no haces una separación entre lo que es consagrado para Dios y lo que no. Y si me permites, te ayudo un poco con saber cómo hacer esta distinción: todo lo que tienes es para Dios. Es por eso que aún a la hora de dar, debes tener cuidado a quién le estás dando porque a final de cuentas tú eres un mero administrador de los recursos de Dios. Y no estoy hablando solamente de recursos financieros, sino que hay muchas cosas que tú tienes que son recursos que debes administrar bien: tus energías, tu tiempo, tus acciones.

Hay cosas buenas que tú podrías estarle dando a otras personas que en realidad Dios no te quiere entregándolas en ese lugar.

Aprende a conocer también a los Melquisedec en tu vida, aquellas personas que te bendicen y te acercan a Dios, aquellos que te dan paz y que te acercan a la justicia, en lugar de arrastrarte con ellos al pecado y la destrucción. Aprende a caminar con aquellos que entienden el poder de la honra y el agradecimiento. Asóciate con el "décimo", porque en el relato de la llamada Guerra de los Nueve Reyes, hay un décimo rey que no peleó. Un rey que no fue rebelde, pero tampoco esclavo. Un rey que vivía en libertad y justicia, dando pan, vino y bendición. Un rey que no pedía, sino que ofrecía.

SÉ ESA PERSONA QUE SABE CONSAGRAR UN ESPACIO SIEMPRE PARA DIOS, PARA CONVERTIRSE, ASÍ, EN UN SEPARADO PARA ÉL.

Ese décimo rey era Melquisedec. Y en ese relato en el que aparecen nueve ejércitos, también hay un décimo ejército, un contingente pequeño, un escuadrón de fe, que no sabía de rebeldía, pero sabía de honra. Sé el décimo que se asocia con el décimo. Sé la diferencia ahí donde estás. Sé el defensor de quien no se puede defender. Sé el décimo ejército de la historia. Sé el corazón bondadoso cuya fe se fortalece y cuyos pasos de fe se acercan cada vez más a Dios. Sé esa persona que sabe consagrar un espacio siempre para Dios, para convertirse, así, en un separado para Él.

12

EL SILENCIO QUE TAMBIÉN HABLA

Para algunas personas el silencio puede ser algo cómodo y hasta deseable. De hecho, casi todas las personas vamos a desear momentos de silencio de vez en cuando, pero la verdad es que la mayoría de nosotros huye del silencio la mayor parte del tiempo. No nos gusta. El silencio puede llegar a ser tan extraño que hasta le hemos llamado "silencios incómodos" a esos momentos en que la novia, el novio, los amigos o la audiencia en una conferencia se quedan completamente callados y no sabemos por qué.

¿Lo sentiste? Los silencios incómodos pueden existir incluso en un libro. Estoy casi seguro de que estás leyendo este libro sin pronunciar las palabras en voz alta, es decir, en silencio, pero cuando te encontraste con las páginas en blanco, sentiste una especie de silencio en el silencio, que no esperabas. De hecho, tal vez pensaste que este espacio en blanco era un error de diseño o de imprenta, pero quería demostrarte que puedes encontrar silencios incómodos en todas partes y en cualquier momento.

Lo que hace que un silencio sea incómodo no es el silencio en sí, sino el hecho de no saber la razón de ese enmudecimiento. Por ejemplo, el silencio durante un examen en el colegio o la universidad no se siente ni se clasifica como un silencio incómodo porque es parte de la experiencia. El silencio en un funeral no se ve como un silencio incómodo porque, en esa circunstancia, el silencio es una muestra de duelo y respeto.

Hay circunstancias en las que el silencio es parte de lo que está pasando y no es incómodo, pero cuando estás en una cita y quieres impresionar a la muchacha que te gusta y que por fin invitaste a salir, no quieres que el momento caiga en un silencio incómodo en el que parecerá que no tienen nada en común o que ya se les acabaron los temas para conversar y compartir. ¿Por qué? ¡Porque quieres compartir con ella todo lo que se pueda y no quieres que se acabe! Esto mismo nos pasa con Dios porque cuando su presencia toca nuestra vida y lo que leemos en la Biblia comienza a hacerse algo vivo en nuestro día a día, queremos que nos hable en todo momento, a cada rato, y no queremos que llegue el silencio. Pero puede llegar. Es normal.

¿Qué significa que Dios esté en silencio o por qué se queda callado a veces? Cuando estás en medio de un silencio de Dios

puedes pensar que hiciste algo malo y que por eso Él está enojado contigo, pero cuando pensamos así, estamos comparando el
carácter de Dios con el carácter de las personas que nos dejan de
hablar cuando tenemos alguna discusión. El Señor no se queda
callado porque esté enojado con nosotros, aunque la Biblia nos
enseña que es posible que eso pase si llegamos a ciertos extremos
de pecado, pero por lo general, el silencio de Dios no tiene que
ver con la ira o el castigo, sino para el fortalecimiento de nuestra
fe.

Conozco la historia de un pastor que, cuando percibió que
Dios lo estaba llamando al ministerio a tiempo completo, le
pidió una confirmación a través de milagros y el Padre se la pro-
porcionó. Por tres semanas vio milagros y prodigios. ¡Incluso
cuenta que llegó a resucitar a una niña que llevaba más de doce
horas de muerta; se levantó en pleno funeral y unas veinte personas se entregaron a Dios! Sin embargo, cuando aceptó el llamado después de esas tres semanas y se dedicó al ministerio
pastoral, se terminaron los milagros.

Cuando llevaba poco más de un año dedicado a la iglesia, le
preguntó a Dios por qué ya no había milagros y la respuesta del
Señor fue: "Ahora vas a caminar solo por fe". Así lleva más de
cuarenta años en el ministerio y aunque un milagro de resurrección fue capaz de transformar a veinte personas en un momento,
cuatro décadas de caminar por fe se han convertido en mil iglesias y cerca de quinientos mil cristianos.

Si tuviera que hacer una analogía ahora, podría decirte que
Dios habló fuertemente en esas tres semanas de milagros. Casi
podría decirte que gritó con la voz de un trueno y luego guardó
silencio. Hizo milagros y luego se quedó en silencio. Pero en

el silencio de Dios creció la fe del pastor al que había invitado a caminar junto a Él. En el silencio de Dios creció la iglesia de Cristo. A menudo pasa que Dios te da una instrucción y tú tienes que seguirla y caminar en esa dirección hasta que llegas al punto del viaje en el que recibirás una nueva dirección. El silencio de Dios te está hablando y te está diciendo que camines en la dirección que ya te había dado.

Abraham tuvo que aprender a vivir con los silencios de Dios en su viaje de fe. Si te fijas bien, cuando leemos la vida del patriarca en la Biblia, es muy fácil perder la noción del tiempo que él tuvo que vivir. Tratemos de ubicarnos en los tiempos que le tocaron vivir a él. Imaginemos que se casó con Sara cuando él tenía treinta años y ella veinte. Como toda pareja recién casada, tienen sueños, planes, deseos de progresar y convertirse en una familia feliz. ¡Quieren hijos! Sin embargo, pasan los años y los bebés no llegan. Abraham pasa de los treinta a los cuarenta y de los cuarenta a los cincuenta y los hijos siguen sin venir. Dios lo llama y él obedece, a medias, pero obedece. Sale junto a Taré, su papá, y Lot, su sobrino. Su papá muere en Harán y más tarde se separa de Lot. No sabemos los tiempos de todas estas separaciones, pero sí sabemos que cuando Dios se le aparece en el encino de More y le promete darle la tierra a su descendencia, Abraham ya tiene setenta y cinco años y la promesa se demoró otros veinticinco años en llegar, porque Isaac nació cuando el patriarca ya contaba con cien años.

Antes de que Isaac naciera, Sara le propuso a Abraham que se acostara con la sierva Agar. Ese es el tiempo en que comenzó el silencio de Dios debido a que Abraham decidió escuchar la voz de su esposa en lugar de la voz del Señor. En el capítulo 16 del libro de Génesis se encuentra la historia de Abraham y Agar, y en el capítulo 17 vemos que Dios le pidió a Abraham que se circuncidara como señal del pacto que habían hecho. Entre ambos capítulos hay un período de silencio de aproximadamente trece años y cuando Dios por fin vuelve a hablarle a Abraham, la reacción de este es postrarse en tierra, seguramente porque había extrañado la voz del Dios que había seguido desde Ur.

Como creyentes, muchas veces comenzamos un viaje escuchando la voz del Señor al igual que Abraham, pero en el camino podemos abrir nuestros oídos a otras voces, confiar en las opiniones de otras personas y es posible que sigamos los planes de familiares o amigos, en lugar de buscar el plan del Señor. Puede que nosotros mismos tengamos ideas de cómo debería suceder lo que Dios nos dijo que iba a suceder o de cómo Dios debería cumplir Sus promesas con nosotros, y hacemos lo que hizo Sara: tratamos de ayudar a Dios. En estos momentos Dios guarda silencio, porque, o escuchamos la voz de Sara o escuchamos la voz de Dios. Y este silencio del Señor normalmente termina cuando ya no tenemos más remedio que confiar en Él. Así como Abraham, ya con noventa y nueve años, no podía ejecutar ningún plan para ayudar al Señor, así también nosotros podemos entrar en un tiempo en el que el silencio de Dios nos hable y nos llame a oír nuevamente la voz de Dios y la de nadie más.

Hay otro riesgo durante esos tiempos en que Dios guarda silencio, y te lo quiero explicar. Cuando tú compras un pasaje de avión, la aerolínea te da un itinerario y básicamente es un programa que contiene las horas de tus vuelos, las escalas, los aeropuertos y el lugar que debes ocupar en el avión. Pues bien, cuando Dios le da la promesa de una tierra y un hijo a Abraham, no le dio un itinerario, así que era imposible saber los horarios, las fechas y las escalas de ese viaje. Después de la promesa en el encino de More la familia se tuvo que ir a Egipto a causa de una hambruna, pero volvieron años más tarde y Dios guarda silencio después del nacimiento de Ismael.

> **EL CAMINO DE LA FE LO COMENZAMOS CON ÉL HABLANDO A NUESTRAS VIDAS Y LO DEBEMOS CULMINAR CON UNA MEJOR Y MAYOR COMUNIÓN CON ÉL.**

¿Ves cuál es el riesgo al que me refiero? El silencio de Dios pudo haber sido interpretado como la aprobación de Ismael. Es decir, durante unos trece años, Abraham vio crecer a Ismael y no escuchó a Dios en ninguna forma, pero ese silencio también significaba que no escuchó al Señor decirle "este no es el hijo de la promesa". ¡Abraham pudo confundir el silencio de Dios con la aprobación del Señor y a nosotros nos puede pasar lo mismo!

Lo importante de estos momentos de silencio divino es que nos deben llevar a un proceso de introspección. El camino de la fe lo comenzamos con Él hablando a nuestras vidas y lo debemos culminar con una mejor y mayor comunión con Él. En la medida que prestamos atención a voces extrañas, nos apartaremos del deseo de Dios para nuestras vidas. Desea cada día escuchar su voz y recibir su dirección. Algunas veces creo que una de las cosas que sucede es que esperamos que esta comunicación divina sea una experiencia sobrenatural y extrasensorial. Pensamos que cada vez que Dios nos hable debe ser una experiencia más grande e impactante para nuestros sentidos, cuando la realidad es que será la misma voz que habló a nuestro interior y que provocó que nos moviéramos hacia el destino de Dios.

Si no has oído su voz últimamente es porque a lo mejor está esperando que le prestes atención y que vuelvas a desear escuchar lo que Él tiene que decir. A veces no lo escuchamos porque simplemente no queremos escuchar lo que sabemos que Él nos va a decir. Aún más, creo que Dios guarda silencio cuando Él sabe que no estamos listos para obedecerle si la última instrucción que nos dio no la obedecimos. Nuestras conversaciones con Dios llenarán de paz y descanso nuestros momentos, pero al mismo tiempo siempre habrá instrucciones que tenemos que seguir. La obediencia de esas instrucciones es lo que promoverá que podamos movernos hacia el destino que Él tiene para nuestras vidas, y que podamos seguir escuchando la voz de Dios. Dios solo ordena nuestros siguientes pasos y así se asegura de que nuestra vida completa llega a ser todo lo que Él ha establecido y predestinado. Tu siguiente paso es seguir una instrucción divina que debes estar dispuesto a obedecer.

NO EXISTE NADA MEJOR NI MÁS EFICAZ QUE AQUELLO QUE EL SEÑOR TE PROPONE.

Entonces, ¿qué puedes hacer cuando estás en medio del silencio de Dios? Seguir confiando en Su promesa y caminar con paciencia hasta que llegue el cumplimiento. Recuerda cuál fue la dirección en la que Él te envió, y sigue caminando. Si ya llegaste al lugar al que te envió, quédate ahí y espera, porque la promesa del Señor llegará a donde tú estás. Si has escuchado las voces de otras personas o la tuya misma, en lugar de la de Dios, vuelve a enfocar tus oídos y tu corazón en las palabras de tu Padre Celestial y confía en Él como si no tuvieras ninguna otra opción porque la verdad es que no existe nada mejor ni más eficaz que aquello que el Señor te propone.

13

LA INTERCESIÓN:
EL CORAZÓN QUE SABE PEDIR

¿Podemos todos realmente interceder? ¿A qué nivel debe llegar una persona para poder interceder por otra? En la vida de cada uno de nosotros, como creyentes, avanzaremos en nuestra autoridad para interceder, de acuerdo con la revelación que tengamos de Dios. La autoridad que tú y yo podemos alcanzar para interceder se desarrolla mientras nuestra relación con Dios crece y se intensifica. Es así como llegamos a interceder por otras personas, por nuestra ciudad o por nuestros países, aprovechando el tiempo que estamos ante Dios para pedir por alguien más y no por nosotros. En tu propio viaje con Dios vas a llegar a un punto en el que tu corazón tendrá un cambio, y tus peticiones ya no serán por ti, sino por los demás.

Uno de los momentos culminantes del camino de la fe es cuando Dios nos pide que hagamos un gran sacrificio. Esta petición en la vida de Abraham fue que entregara a su hijo Isaac. Es interesante ver que Abraham no interpuso oración para no sacrificar a Isaac y tampoco intercedió cuando tuvo que dejar a Ismael, pero sí lo hizo en el nombre de Lot. No vemos a Abraham pidiendo a Dios que buscara otra opción. Es interesante porque en el momento cuando Jesús está en el Getsemaní, la agonía fue tanta, que, aunque fuera por unos instantes, Él mismo pidió al Padre, si había otra alternativa, que pasara esa copa de Él.

No tenemos nada en el escrito bíblico que nos relate que Abraham pidiera algo similar. Vemos en estos momentos cruciales a un Abraham silente que estaba buscando la manera de obedecer a Dios. ¿Por qué? ¿Amaba Abraham más a Lot que sus dos hijos? Lo dudo. La realidad es que creo que los creyentes maduros llegamos a un punto en el que dejamos de vivir para nosotros y comenzamos a vivir para Dios y para los demás. En esa fase de nuestro viaje de fe lo que nos entristece grandemente son los familiares que están en Sodoma y Gomorra, y somos capaces de interceder por ellos porque deseamos que Dios intervenga en sus vidas.

Hace algún tiempo escuché una historia que me impactó mucho porque me enseñó una verdad profunda de Dios, con una simpleza impresionante. Rubén tenía unos 11 años y como había sacado malas calificaciones en el colegio, sus padres lo castigaron. Rubén sabía que el castigo era justo y no tenía problema con eso, pero estaba apenado porque era la primera vez que fallaba así. Entonces, movido por la congoja, le pidió un favor a su hermanita Esther: que intercediera por él ante sus papás. El deseo era sencillo: que sus padres no se decepcionaran de él y que se esforzaría más en la próxima oportunidad.

Esther, la hermanita, se acercó a sus padres con la confianza que da la ausencia de culpa e intercedió por su hermano mayor.

El papá escuchó lo que la niña tenía para decir, sonrió, se levantó y fue a la habitación de su hijo para decirle que lo amaba, que no estaba decepcionado de él y que sabía que se esforzaría más en la próxima oportunidad. Padre e hijo se abrazaron y Rubén lloró de alivio. Esta simple historia me gusta porque veo en ella una de las realidades más hermosas que tenemos en el pueblo de Dios: la intercesión ante Dios Padre.

Me gusta la intercesión de los hermanos en Cristo porque un intercesor es alguien que está buscando algo, es alguien que tiene un interés específico, es alguien que quiere algo de Dios (perdón, bendición, sanidad, paz, etc.), pero no lo quiere para sí mismo, sino para alguien más. Como en la historia de Rubén y Esther, cuando un hijo de Dios intercede por alguien más, debe acercarse al Señor con un corazón humilde, sabiendo que está entrando al trono de la gracia, pero también está llegando ante el trono más grande e importante del universo. La humildad es una característica clave de un intercesor, porque no llega a exigir, ni decretar, ni demandar, sino a pedir y rogar.

Otra característica importante de un intercesor es que está más cerca de Aquel ante quien está haciendo la súplica. Es normal que haya personas que sienten que otros están "más cerca" del Señor y, por lo tanto, les pidan su intercesión en favor de algo que ellos necesitan. Sin embargo, aunque esta sensación o idea sea normal, tenemos la tendencia como Iglesia a decir que ninguno de nosotros está más cerca del Señor que otros, cuando eso no es del todo correcto.

Es verdad que todos tenemos la misma oportunidad ante Dios y que Él nos ha abierto la puerta de su presencia a todos por igual, pero también es verdad que no todos están dispuestos a pagar el precio necesario para estar más cerca de Dios. Cuando leemos la Biblia, encontramos ejemplos de personas a las que Dios mismo reconoce como intercesores. En el libro de Job, vemos al personaje principal intercediendo todos los días por sus hijos ante Dios y en el capítulo 42, cuando el Señor termina de hablar con Job, se dirige a Elifaz (uno de los amigos de Job) para decirle "estoy enojado contigo y con tus dos amigos". Acto seguido, les da la instrucción de hacer una ofrenda y pedirle a Job que orara por ellos para que Dios los perdonara.

Moisés y Samuel también son dos personajes bíblicos que intercedieron por el pueblo de Dios en diferentes ocasiones. Su humildad, compromiso y obediencia hacia Dios los posicionaba en el lugar perfecto para ser como la niña Esther de la historia que te conté al principio del capítulo. Sin embargo, en Jeremías 15 encontramos a Dios diciendo que no perdonará a Jerusalén, aunque Moisés y Samuel se presentaran ante Él para interceder. Y aunque hay mucho que decir de estos versículos, mi intención en este momento es resaltar que hay personas que pueden estar delante de Dios para interceder. De hecho, más adelante en el mismo capítulo de Jeremías, Dios declara que los enemigos de Jeremías le pedirían al profeta su intercesión a favor de ellos, porque para cumplir con el ministerio de la intercesión hay que desechar el rencor del corazón.

Es interesante entender que todos, absolutamente todos, estamos buscando algo de Dios para nosotros, pero algunas personas también buscan algo de Dios para alguien más. Este es el caso de Abraham cuando Dios iba camino a Sodoma y Gomorra para juzgar la maldad de las ciudades y ejercer juicio sobre ellas, pero se detuvo unas horas en la casa de Abraham. En esa ocasión,

Dios mismo provoca la intercesión de Abraham porque le cuenta las intenciones que tenía y la razón por la que estaba yendo hacia Sodoma. ¿Te imaginas que Dios mismo te cuente que castigará a esas personas que te caen mal? ¿Qué harías? ¿Qué haría yo? Si el Señor se apareciera en este momento frente a ti y te dijera que va a castigar el pecado de tu vecino que constantemente hace fiestas y no te deja dormir, ¿qué harías? ¿Celebrarías o intercederías? Pues eso fue lo que le pasó a Abraham.

Dice la Biblia que el clamor por el pecado de Sodoma y Gomorra ya había llegado al colmo y que por eso era tiempo de castigar a la ciudad, pero Abraham intercedió y lo hizo de tal forma que parecía estar regateando con el Señor hasta que llegó a una propuesta que creyó alcanzable y posible. Abraham sabía que Sodoma y Gomorra eran ciudades llenas de pecado y maldad, pero no creía que llegaran a ser tan corrompidas como para que no existieran diez personas justas ahí. Dios escucha su intercesión y le dice que, si hay diez justos, no destruirá la ciudad. A la mañana siguiente, Abraham se levanta temprano y camina al lugar desde donde puede ver en dirección de Sodoma y solo ve humo. No había ni diez personas justas en esas dos ciudades.

Sabemos que cuando Abraham intercedió por Sodoma, en lo más profundo de su corazón estaba intercediendo por Lot, su sobrino, a quien por años había amado como a un hijo y que ya lo había abandonado dos veces, prefiriendo irse con la gente de Sodoma, antes que caminar con el escogido de Dios. Esto es importante porque el corazón de un verdadero intercesor, como dije antes, no puede ser gobernado por rencores o heridas del pasado, sino por los deseos profundos del Dios Altísimo, porque cuando Dios le cuenta a Abraham lo que estaba a punto de hacer, no fue para que el patriarca se alegrara, tampoco para que se preocupara, sino para que intercediera, no solo por Lot, que era entendible, sino también por las personas que ni siquiera conocía en esa ciudad e incluso por aquellos que quizás eran enemigos declarados de Abraham.

> ## LO QUE DIOS QUIERE HACER CON NOSOTROS NO ES TAN IMPORTANTE COMO LO QUE QUIERE HACER A TRAVÉS DE NOSOTROS.

Una de las cosas que Dios prometió a Abraham fue que su descendencia sería de bendición para todas las naciones de la tierra. Estoy seguro que de primera intención cuando Abraham escuchó esto, no entendió en su totalidad lo que Dios le estaba diciendo. La realidad es que esta promesa de Dios era mucho más grande de lo que él podía entender en sus comienzos y creo que, aunque eventualmente pudo llegar a visualizar lo que esto implicaba, la realidad es que es imposible recibir esa visión con la mente humana. Creo que en este momento crucial en la vida de Abraham es cuando él comienza a manifestar que había entendido cuál era su función.

Abraham había sido escogido, no tan solo para ser un pueblo especial, sino para que llevara a Dios a todos los pueblos. La idea era que todos los pueblos fueran reconciliados con Dios. Esta misión sigue presente y está vigente para nosotros también. Tiene que existir un momento en el camino de la fe donde todos debemos comprender que lo que Dios quiere hacer con nosotros no es tan importante como lo que quiere hacer a través de nosotros. Es aquí donde se nos comienza a revelar el plan que Dios tiene con otros y es cuando debemos decidir ser parte de ese plan.

¿Cuál es tu reacción al mirar la condición en la que se encuentran personas a tu alrededor? ¿Es una actitud de juicio y condenación o de misericordia? La oración de intercesión no iba dirigida a que la ciudad cambiara, sino a que la misericordia y la gracia divina se manifestaran, permitiendo así la posibilidad de una transformación más adelante. En nuestro caminar podemos cometer el error de analizar la vida que llevamos versus la vida de aquellos que han decidido no caminar en la fe, y pensar que ellos se merecen el juicio divino. Para algunos, esto vindicaría todo el esfuerzo de fe que han hecho. El pensar de esta manera nos vuelve egoístas y nos quita la mirada de la justicia de Dios.

La realidad es que por más que nosotros tratemos de hacer lo mejor para Dios, ninguno de nosotros somos capaces de lograrlo. Si no fuera por la gracia y la misericordia divinas, nada podríamos alcanzar.

En la historia de Rubén y Esther, Rubén no podía acercarse a sus papás, no porque estos no quisieran verlo, sino porque él no quería verlos a ellos debido a la vergüenza. Así hay muchas personas hoy, viviendo lejos de Dios, no porque Él no los ame e, incluso, no porque ellos no lo amen a Él, sino porque se sienten avergonzados por cosas que han hecho. La vergüenza tiene el poder de empujar a la persona a un escondite en el que se oculta incluso de Aquel que la puede perdonar. Cuando ya se está en una situación así, ¡qué bueno es tener a alguien que interceda por uno ante Dios para sentir restauración!

El corazón de un intercesor conmueve a Dios porque no busca el beneficio propio ni la satisfacción de sus deseos silenciosos, sino el bienestar de alguien más, conocido o desconocido, amigo o enemigo, pecador o justo. El corazón de un intercesor agrada al corazón de Dios porque el Señor no quiere la muerte del impío, como dice la Biblia, sino el arrepentimiento en humildad que le abre la puerta a una nueva vida delante de Él. El corazón de un intercesor puede hablar con Dios porque está cerca suyo, porque es un corazón acostumbrado a estar en la presencia de Dios.

> ¡VIVE CERCA DE DIOS! AUN CUANDO TE EQUIVOQUES, NO TE ALEJES, SOLO PIDE PERDÓN Y NO TE ALEJES.

En Génesis 19:29 vemos que Dios salvó a Lot, no porque este fuera justo, sino porque Abraham había intercedido silenciosamente ante el Trono de la Gracia y su súplica había sido tomada en cuenta. Si estás sintiendo en tu corazón el deseo de pedirle a Dios por alguien específico en este momento, dale una pausa a la lectura, busca el rostro del Señor en oración y derrama tu intercesión ante Él. Ejerce la cercanía que Dios te ha concedido y busca abrir un canal de bendición sobre la vida de esa persona y de todos los demás que Dios Padre te indique.

Vive como Moisés, que constantemente intercedía por el pueblo de Israel a pesar de las decisiones que toda esa gente tomaba en el desierto. Vive como Samuel, que intercedió por Saúl hasta que Dios mismo le dijo que ya no lo hiciera. Vive como Esther, que arriesgó su propia vida para llegar ante el rey e interceder por su pueblo cuando estaban cautivos en Susa. Vive como Abraham, que intercedió por uno al que amaba y otros miles a los que ni siquiera conocía. Vive como un intercesor. ¡Vive cerca de Dios! Aun cuando te equivoques, no te alejes, solo pide perdón y no te alejes. ¡Vive en lo íntimo del Señor! ¡Vive con tu corazón pegado al suyo intercediendo por los corazones que están lejos de Él!

14

UN DIOS DIFERENTE

Todo viaje importante llega a una encrucijada en donde todo el esfuerzo puede perderse o puede llevarnos a un nuevo nivel y este es, en realidad, un punto culminante en la vida de Abraham. Este es el momento de renunciar a todo lo que había creído antes. Este es el momento de decidir si va a servir a Dios por encima de todas las cosas. Lo único que Dios no comparte con nadie es el amor hacia Él y todo creyente llega a un momento especial en el que puede demostrar su amor por Dios al estar dispuesto a dejarlo todo por Aquel que lo llamó.

Cuando Dios le pide a Abraham que sacrifique a Isaac, le dice así: *"Toma ahora tu hijo, tu único, Isaac, **a quien amas"**,*[26] pero después de que Abraham estuvo dispuesto a entregar a Isaac en sacrificio, Dios lo bendice diciéndole: *"Por cuanto no me rehusaste tu hijo",*[27] pero ya no le dice "a quien amas", porque Abraham había demostrado que era a Dios a quien amaba más que a nadie y más que a nada.

26. Génesis 22:2.
27. Génesis 22:12.

En nuestro camino de la fe lograremos alcanzar grandes cosas incluyendo muchos de nuestros más grandes deseos. El peligro que corremos es llegar a amar más todo lo que hemos logrado y recibido de Dios que al Dios que nos lo ha dado todo en nuestro camino. Dios sabe que cada vez que nos cumple nuestras peticiones y nos concede nuestros deseos, se corre el riesgo de que nuestro afecto sea dirigido a lo recibido y no a Él. Aun así, su amor por nosotros es tanto, que está dispuesto a tomarse el riesgo con la expectativa de que nuestro corazón se mantenga enfocado en Él.

Todos los verdaderos creyentes vamos a llegar a un punto en nuestra vida en que amaremos a Dios, no de la misma forma en que Él nos amó a nosotros, pero sí en una forma similar, porque estaremos dispuestos a entregarlo todo por Él, así como Él entregó todo por nosotros. El momento del sacrificio en nuestras vidas es ese escalón que nos elevará a un tiempo impresionante con Dios porque entenderemos la intensidad y la pasión del amor de Dios, y viviremos buscando solo agradarle a Él.

Luz era una mujer de treinta y dos años. En una época de su vida había sido risueña, idealista, vivaracha y soñadora, pero ahora se sentía atrapada en una soledad condenatoria que le atenazaba la garganta. Nada de lo que había creído a sus veinte años había resultado ser verdad, o al menos no para ella. Había creído en el amor indestructible y se había casado con su novio de la adolescencia después de un noviazgo de cuatro años y medio, solo para divorciarse un año más tarde. Esa desilusión le marcó el corazón a tal grado que casi dejó de creer en el amor, pero a los veinticuatro años conoció a un hombre de veintisiete que la cautivó. Ocho meses después de haberle dicho que sí quería ser su novia, le dijo que sí quería ser su esposa.

Luz había vuelto a creer en el amor, en la entrega, en el poder de un abrazo eterno. Pero todo volvió a fallar y Luz entró en depresión. Se sentía molesta con todo y con todos, incluso con su nombre. ¿Cómo podía haber tanta ironía en un nombre? Ella se sentía oscura hasta que llegó un nuevo hombre. No era tan sonriente como su segundo exesposo y no tan guapo como el primero, pero era cariñoso y parecía interesarse genuinamente en ella. Toda la historia se repitió por tercera vez. Y de nuevo. Y de nuevo.

Cinco matrimonios fueron suficientes, por fin, para que Luz se diera por vencida con la idea del matrimonio y con la esperanza de un amor que pudiera vencer cualquier dificultad. Cuando apareció un sexto hombre en la vida de Luz, la otrora jovencita risueña e idealista de veinte años, ya era una mujer de treinta y un años, silenciosa, a la defensiva y sin una gota de esperanza en el matrimonio. Creyendo, por experiencia propia, que todos los hombres eran iguales, se entregó a este nuevo amor sin creer en el amor.

Algo similar le sucedió a Abraham, no en cuanto a la vida amorosa, sino en cuanto a su experiencia profunda con Dios. Cuando el patriarca estaba en Ur de los Caldeos y Jehová lo llama a dejar todo lo que conocía para conocerlo a Él, Abraham creyó que ese Dios que lo estaba llamando era diferente a los dioses que había conocido en una ciudad pagana de Mesopotamia.

De hecho, si miras con detenimiento, todas las religiones del mundo creen en dioses que piden a sus devotos sacrificios y ofrendas como requisito para tener su favor y benevolencia. El Dios de la Biblia, el Dios que tú y yo tenemos es el único que no pide nada a cambio por su favor, y que más bien da en lugar de pedir.

Ur era una ciudad politeísta, llena de ídolos y entregada a la adoración de dioses que pedían todo tipo de ofrendas, incluyendo el sacrificio de niños. Así es; la mayoría de los dioses de la ciudad natal de Abraham eran sanguinarios y los rituales que les dedicaban sus seguidores eran, también, sangrientos, crueles, llenos de excesos y a menudo terminaban en sacrificios humanos. De hecho, las prácticas sangrientas se extendieron más allá del ámbito religioso y llegaron a la corte real. Los arqueólogos descubrieron en las tierras de Irak alrededor de dos mil entierros que atestiguan la práctica de sacrificios humanos a gran escala. En los días alrededor de la muerte de un rey o una reina, doncellas, guerreros y funcionarios, miembros de la corte, eran condenados a muerte como parte de las ceremonias fúnebres de los gobernantes.

En un principio se manejó la teoría de que los condenados habían sido conducidos a las cámaras funerarias para beber veneno y luego acostarse tranquila y voluntariamente a esperar la muerte. Sin embargo, cuando la tecnología permitió, varios años más tarde, examinar de mejor forma los huesos rotos de las tumbas a través de tecnología tridimensional, descubrieron que los cráneos habían sido atravesados con objetos punzantes, quizá lanzas, quizá espadas, todo como parte de un ritual funerario en honor de un rey que había muerto.

Abraham creció en esta sociedad, siendo testigo de este tipo de prácticas que llegaron a normalizar incluso los sacrificios humanos, pero un día se encontró con un Dios diferente. Un Dios que no se mostraba a través de ídolos. Un Dios que no exigía ofrendas de sangre. Un Dios al que no le interesaban los sacrificios humanos como muestra de amor y fe. Y por ese Dios Abraham había dejado todo y se había trasladado a una tierra desconocida, cuyos dioses también exigían sacrificios humanos.

Se había convertido en un peregrino y un forastero. Se había enfrentado al clima del desierto, al hambre de las estepas y a la soledad de las tierras desoladas. Había sido un hombre sin patria y una especie de padre sin hijos, porque había creído en una promesa que ese Dios diferente le había hecho. Así había vivido por unos veinticinco años, sin ver el cumplimiento de la promesa hasta que, por fin, nació Isaac, el hijo prometido, el pequeño humano que encarnaba todo el amor y la fe de la que Abraham era capaz.

Entonces llegó un día extraño. Sombrío. Desalentador. El Dios que Abraham había creído diferente a las deidades violentas de Ur de los Caldeos, le pidió que sacrificara a Isaac, su único hijo. De pronto, todos los dioses eran iguales, todos los dioses terminaban pidiendo lo mismo, todos los dioses llegaban al mismo punto narcisista y sanguinario.

Abraham decide obedecer, quizá decepcionado, quizá dolido, pero aún con una fe inexplicable en que, de alguna forma, este Dios será diferente al final. La Biblia dice en Hebreos 11:19 que Abraham creía que Dios tenía poder para resucitar a los muertos, dando a entender que el patriarca esperaba que este Dios que por más de cincuenta años se había mostrado diferente, acabara por ser distinto en medio de un sacrificio que lo hacía parecerse a todos los demás dioses paganos de la época.

Así fue como Abraham emprendió el fatídico viaje de tres días para llegar al lugar que Dios le había señalado: el Monte Moriah, que luego sería conocido como el Monte Calvario. Junto a él iban dos siervos y su hijo, Isaac, que a menudo es visto como un niño de unos doce años, pero que en el judaísmo se cree que Isaac tenía casi cuarenta años en el tiempo del sacrificio. Es más, Tertuliano, uno de los primeros grandes ministros de la Iglesia Cristiana, identificó a Isaac como un tipo profético de Jesús diciendo que, así como Isaac cargó con la leña sobre la que iba a ser sacrificado, Jesús también cargó con la cruz en la que sería inmolado por los pecados del mundo.

Personalmente, cuando imagino el viaje del patriarca hacia el lugar del sacrificio, en silencio, quizá llorando a escondidas, me pregunto, ¿por qué no intercedió por Isaac como intercedió por Lot? Abraham negoció con Dios para salvar a Lot, pero no dijo nada cuando la víctima en cuestión era su propio hijo, su único hijo. ¿Por qué? Creo que la no intercesión de Abraham por su hijo es, al mismo tiempo, una de las más grandes demostraciones de obediencia y fe que han existido en la historia de la humanidad.

Recordemos que el corazón de un intercesor es humilde, obediente y cercano a Dios. Por lo tanto, esta no intercesión del patriarca me habla de obediencia a una instrucción que prácticamente contradecía todo lo que Dios había mostrado de sí mismo hasta ese momento, pero era una instrucción divina y debía ser cumplida. También me habla de fe porque, según el autor de Hebreos, Abraham creía, de alguna forma, que Dios le devolvería a Isaac a través de un milagro. Sin embargo, sabemos que luego de que el mismo Isaac cargara la leña sobre la que sería inmolado, el sacrificio fue detenido por un enviado de Dios. Abraham había pasado la prueba. Abraham había estado dispuesto a ofrendar a su propio hijo.

Por mucho tiempo me pregunté: ¿Por qué Dios, que no pedía sacrificios humanos, termina pidiendo a Abraham que sacrifique a su hijo, como la mayoría de los dioses paganos? ¿Y por qué Dios insiste en llamar a Isaac el "único" hijo de Abraham cuando ya existía Ismael? Personalmente pienso que los escritos antiguos que dicen que Isaac era ya un hombre hecho y derecho son correctos, porque creo que esta historia es un relato profético de lo que pasaría la tarde en que Cristo fue sacrificado.

Cuando Dios le dice a Abraham que sacrifique a su "único hijo", no está equivocándose, sino que está haciendo una declaración profética de lo que Él mismo haría en un futuro, porque Abraham estaba siendo figura del Padre que verdaderamente entregaría a su único Hijo. El hijo de la promesa, Isaac, estaba siendo figura de Jesús, entregándose voluntariamente por los pecados de todos nosotros cargando su propia cruz hacia el monte que en ese tiempo se llamaba Moriah y terminó llamándose Calvario. Por esta razón pienso que Isaac tenía una edad cercana a la edad en que Cristo debía morir: más de treinta años.

La historia con la que abrí este capítulo es la historia de la mujer samaritana que encontramos en Juan 4 (7-15) y que, según la tradición de la iglesia ortodoxa se llamaba Fotina, que traducido significa Luz. Cuando la mujer samaritana se encuentra con Jesús, seguramente creía que todos los hombres eran iguales y que cualquier hombre que se cruzara en su camino le dejaría algún tipo de dolor o herida. Sin embargo, un buen día se encontró con un hombre al lado de un pozo, como el pozo en el que Isaac solía orar todas las tardes. Un hombre que le devolvió las ganas de vivir. Un hombre que revivió la esperanza que había tenido cuando era joven. Un hombre que le dio vida eterna a través de su propio sacrificio.

> TODO LO QUE DIOS TE PIDA EN TU PROPIO VIAJE DE FE ES PARA CUMPLIR SU PLAN CONTIGO, PORQUE TE LLAMÓ A SER DIFERENTE Y A SER LUZ EN MEDIO DE UNA GENERACIÓN OSCURA.

Abraham también había conocido a un Dios diferente. Un Dios que no pedía sacrificios humanos. Un Dios que no pedía sangre. Un Dios de paz que anhelaba amar y ser amado. Un Dios que no gritaba, sino que se acercaba en susurros amables que no obligaban, sino atraían. Y cuando ese Dios, de pronto, se comporta como los dioses paganos y pide un sacrificio humano, lo hizo solo para no recibirlo, solo para demostrarle a Abraham, su amigo, que no se había equivocado, que había seguido a un Dios distinto y único.

La prueba que Dios le puso a la fe de Abraham también sirvió para demostrar, más allá de toda duda, que este Dios invisible y único era distinto a todos los demás. Esa prueba demostró que el Dios al que Abraham había seguido no buscaba el sufrimiento, sino la paz. No buscaba la destrucción, sino la restauración. No buscaba el dolor, sino el amor. Todo lo que Dios te pida en tu propio viaje de fe es para cumplir su plan contigo, porque te llamó a ser diferente y a ser luz en medio de una generación oscura.

Tú y yo somos los llamados de este tiempo y estamos siguiendo a un Dios que no se parece a ningún ídolo, que no se comporta como ningún ídolo y que no pide lo que piden los ídolos, porque Dios no pide lo que nos sobra, sino lo que más amamos, lo que más atesoramos, para que sea Él quien tenga el primer lugar en nuestro corazón, porque solo así podremos seguirlo a donde Él nos quiere llevar.

15

EL MEJOR NOMBRE DE DIOS

El corazón de un creyente sabe que Dios le dará la provisión de todo lo que necesita, aunque a veces las circunstancias de la vida prácticamente digan lo contrario. Mientras más avanzamos en nuestra vida con el Señor, más va creciendo nuestro conocimiento de Él y más vamos siendo testigos de todas las facetas de su carácter. Es posible conocer el carácter de Dios por la forma en que Él actúa en nuestra vida. Es así como podemos profundizar en nuestro conocimiento del Señor y es así como podemos entender la importancia de los nombres de Dios, porque cada uno de sus nombres o títulos bíblicos tienen que ver con momentos específicos de las personas a quienes se les reveló ese nombre.

Quiero pedirte algo. Quiero que pienses en la persona con el nombre más largo que conozcas. Puede ser un nombre de diez letras o quizá uno de doce, pero lo más seguro es que no será más largo que eso. ¿Cómo es esa persona? ¿Su personalidad tiene algo que ver con su nombre? Ahora, quiero que pienses en el nombre más extraño que hayas oído jamás y también pienses en esa persona y en su forma de ser, su comportamiento, su mentalidad, y la relación que tiene su forma de ser con el nombre que le dieron sus padres.

Nombrar a un bebé es un tiempo emocionante y especial para los padres. Algunos lo toman con mucha seriedad y otros parecen tomarlo con demasiada calma. Hay quienes nombran a sus hijos en base a algo que esté pasando en ese momento de la vida, como las tribus nativas de Norteamérica que podían nombrar a sus descendientes de acuerdo con lo que fuera que veían en el momento del alumbramiento. De ahí que existan nombres de lo más raros y nombres de lo más interesantes, como Acaualxochitl que significa "flor empujada por el agua" o Aylin que significa "halo alrededor de la luna".

De hecho, los padres pueden llegar a extremos tan extraños como el que se dio en el año 1997 cuando una pareja de estadounidenses decidió que su hija ganaría un Récord Guinness gracias a la longitud de su primer nombre. ¡Y lo lograron! La niña se llamó… ¿quieres intentar leer todo el nombre? Te lo dejo aquí para que lo intentes: Rhoshandiatellyneshiaunneveshenk escianneshaimondrischlyndasaccarnaerenquellenendrasamec ashaunettethalemeicoleshiwhalhinive'onchellecaundeneshea alausondrilynnejeanetrimyranaekuesaundrilynnezekeriaken vaunetradevonneyavondalatarneskcaevontaepreonkeinescee llaviavelzadawnefriendsettajessicannelesciajoyvaelloydiettey ettesparklenesceaundrieaquenttaekatilyaevea'shauwneoraliae vaekizzieshiyjuanewandalecciannereneitheliapreciousnesce verroneccaloveliatyronevekacarrionnehenriettaescecleonpat

rarutheliacharsalynnmeokcamonaeloiesalynnecsiannemercia-
dellesciaustillaparissalondonveshadenequamonecaalexetioze-
tiaquaniaenglaundneshiafrancethosharomeshaunnehawain
eakowethauandavernellchishankcarlinaaddoneillesciachris-
tondrafawndrealaotrelleoctavionnemiariasarahtashabnequc-
kagailenaxeteshiataharadaponsadeloriakoentescacraignecka-
dellanierstellavonnemyiatangoneshiadianacorvettinagodtawn-
drashirlenescekilokoneyasharrontannamyantoniaaquinettese
quioadaurilessiaquatandamerceddiamaebellecescajamesauw
nneltomecapolotyoajohnyaetheodoradilcyana. ¡Los papás de
esta niña inventaron un nombre con más de mil letras para que
ganara un récord mundial, pero al final, todos la llamaban Jamie!

Más allá de estos casos extraños en los que los padres parecen tomar a la ligera el nombre de un bebé, la verdad es que
nombrar a un hijo o una hija es muy importante porque esas
palabras que escojamos para ellos, los acompañarán por el resto
de la vida y pueden tener verdadero poder sobre el futuro de
ellos. El nombre puede llegar a ser parte fundamental de la identidad de una persona.

Tu nombre es lo que las personas usan para referirse a ti y
es la palabra a la cual tú respondes. Pero no solo eso, cuando
una persona escucha un nombre, inmediatamente se le vienen
a la mente todas las personas que conoce que llevan ese mismo
nombre.

Imagínate esto por un momento: tú compartes una relación
con todas las personas que se llaman igual que tú. Escuchaba
el otro día el relato de un conocido que decía que cada vez que
entra a los Estados Unidos lo pasaban de inmediato al salón de
interrogatorios, simplemente porque   tiene el mismo nombre

que una persona que ha tenido problemas serios con la ley y quieren asegurarse de que no sea la misma persona.

Interesantemente, los nombres te pueden acercar a otras personas de la misma manera en que te pueden diferenciar. Hay personas que alteran una letra en su nombre para distinguirse de otras personas con el mismo nombre. Existe, por ejemplo, Verónika con "K", Mónika con "K", Steven o Estiben, y los ejemplos podrían ser interminables.

El punto al que quiero llegar es que los nombres son algo que los seres humanos usamos para diferenciarnos o asemejarnos con respecto a los demás. Pero el nombre es el punto de partida en la identificación de toda persona.

Por ejemplo, en la Biblia encontramos muchos casos que nos muestran la importancia de los nombres de los personajes que les dan vida a los relatos bíblicos y también encontramos casos en los que Dios cambia nombres para resaltar temporadas o llamados en la vida de ciertas personas. Abram se llamó Abraham. Sarai se llamó Sara. Jacob se llamó Israel. En el Nuevo Testamento, vemos a Jesús cambiándole nombre a Simón y llamándole Pedro, aunque después de resucitar se vuelve a referir a él como Simón. Saulo se cambió a sí mismo el nombre y comenzó a ser llamado Pablo. ¿Por qué? Porque el nombre habla.

Los nombres que Dios ha dado de sí mismo en la Biblia también son importantes, porque son mensajes que el mismo Creador ha decidido darnos para que nos acompañen en nuestro viaje de fe por este mundo. Abraham es el personaje bíblico que más nombres del Señor recibió en su vida, porque cada etapa de su viaje necesitaba nueva revelación de quién era ese Dios al que había decidido seguir.

En Hechos 7 está registrado el discurso que dio el diácono Esteban antes de morir apedreado y en el versículo 2 dice que Dios se le apareció a Abraham cuando aún estaba en Ur de los Caldeos. No sabemos cómo se le apareció, pero el encuentro fue lo suficientemente importante como para que Abraham saliera con toda su familia y comenzara un gran viaje en dirección a una tierra desconocida. Entonces llegamos a Génesis 12:7 donde dice que Dios se le apareció por segunda vez al patriarca mientras estaba en Betel. Fue ahí donde Abraham construye el primer altar para ese Dios único que lo había llamado, e invoca su nombre. Este nombre aparece en el idioma original como una palabra sin vocales que los eruditos llamaron tetragrámaton porque está compuesto de cuatro letras: **YHVH**. Este nombre, aunque no se sabe su pronunciación exacta, es el nombre con el que Dios se identifica ante Moisés, más adelante en la Biblia, y significa: **"Yo soy el que soy"**.

Es interesante que el primer nombre con el que Dios se identifica a sí mismo ante Abraham sea el mismo que usa para presentarse ante Moisés. Es también el primer nombre con el que se identifica ante cada uno de nosotros, porque lejos de ser definido por adjetivos calificativos, Dios es. Así. Sin adornos. Es todo lo que tú necesitas que sea. Para algunos, el primer encuentro con Dios tiene que ver con su amor. Para otros, su primer encuentro con el Señor vendrá en la forma de una sanidad o un abrazo inexplicable capaz de reparar un corazón roto. Para una familia, el primer encuentro con Dios Padre puede ser en la forma de una restauración.

Es más, este nombre de Dios fue usado repetidamente por Jesús cuando decía, por ejemplo: *"Yo soy el camino, la verdad y la vida"*[28] o *"Yo soy, no temáis!"*.[29] Incluso, cuando los fariseos le preguntaron si Él era el Mesías, Jesús respondió un sencillo "Yo soy" y ellos enfurecieron porque cada vez que Cristo pronunciaba esas dos palabras, se estaba haciendo igual a YHVH y los fariseos entendían perfectamente esta conexión. Es más, la Biblia dice que, cuando Pilato ordenó la crucifixión de Jesús, también mandó a escribir un mensaje sobre el madero: **"Jesús Nazareno Rey de los Judíos"**,[30] pero los fariseos le pidieron a Pilato que escribiera que Jesús se había autonombrado de esa forma, aunque que no lo era. Lo que puede pasarnos por alto en este fragmento de la historia es lo que los fariseos vieron en ese mensaje escrito sobre el Crucificado. Te lo escribo en hebreo para que veas lo que ellos vieron: "Yeshua Ha'notzrei V'melej Ha'Yehuyidim". Cuatro palabras hebreas cuyas iniciales son Y, H, V, H.

Ahora, volviendo a Abraham, unos siete años después del encuentro en Betel, Melquisedec le presenta al patriarca un nuevo nombre de Dios: **El Elyon**, que traducido significa **"Dios Altísimo"**, nombre que Abraham adopta casi automáticamente y que usa unos versículos más adelante cuando rechaza la amistad con el rey de Sodoma y se consagra a Dios Altísimo, no como un título, sino como un nombre propio. Aquel Dios se había mostrado como el Dios más alto que podía existir.

Quince años más tarde, cuando el patriarca tiene ya noventa y nueve años y Sara noventa, Dios se le vuelve a aparecer para

---

28. Juan 14:6.
29. Juan 6:20.
30. Juan 19:19.

decirle que ha llegado el tiempo de tener al hijo prometido. ¡A los cien años! En esta ocasión, Dios se presenta de nuevo con un nombre que Abraham necesitaba oír: **El Shaddai**. La gran mayoría de estudiosos y eruditos están de acuerdo en que estas palabras significan **"Dios Todopoderoso"**, pero hay algunos que traducen el término como "Dios de los Senos", en relación con el milagro que Dios estaba a punto de hacer: Darle a Abraham y Sara un hijo que, obviamente, necesitaría leche materna. Pienso que ambas interpretaciones son perfectas para la necesidad del patriarca en esa etapa específica de su viaje de fe.

En Génesis 18 el Señor se le aparece por cuarta vez a Abraham en Mamre, cuando iba camino a Sodoma y Gomorra para destruirlas. Abraham se inclina para adorarlo y lo llama: **Adonay**, que significa **"Señor"**, reconociendo el señorío de YHVH sobre su vida entera. Unos versículos más adelante, vemos que Abraham se refiere a Dios como el "Juez de toda la tierra" y apela a su justicia que va de la mano de la misericordia y que no castiga de forma injusta, sino en una correcta proporción. En Génesis 21, después de que la promesa del nacimiento de Isaac ya se había cumplido, Abraham hace una negociación con Abimelec por un pozo e invoca un nuevo nombre de Dios: **Owlam**, que significa **"Eterno"**, largura de días hacia el pasado y hacia el futuro, cuyos días son tantos que se oculta y se esconde en el tiempo. Dios es el principio y el final, el Alfa y la Omega. Él es quien todo lo llena en todo.

En el camino de la fe, Dios se va revelando poco a poco a nuestras vidas. Cada experiencia que tenemos es una oportunidad de ver una parte de Dios que no hubiéramos podido ver si no hubiéramos experimentado alguna situación en particular.

Es imposible comprender a Dios en su totalidad y en un solo instante. Por esto es necesaria la colección nuestras experiencias con Él, para poder disfrutar de la mayor revelación posible.

El siguiente nombre de Dios es probablemente el más importante de todos en la vida de Abraham, porque es el que el mismo patriarca le da a Dios cuando pasa la prueba más difícil de toda su vida. Un detalle interesante es que, aunque decimos que el siguiente nombre es el nombre de Dios porque hace referencia a Él claramente, la Biblia nos dice que es el nombre de un lugar donde Abraham obtuvo esa revelación. Cuando el Señor proveyó un sacrificio que tomaría el lugar de Isaac, un cordero inocente, Abraham nombra a Dios diciendo: **"Jehovah Jireh"**, que significa **"Dios proveerá"** o **"Dios hará visible lo invisible"**.

No quiero asumir que todos conocen la historia o que he creado suficiente curiosidad para que vayas al texto bíblico por ti mismo para leerla, así que te la resumo en unas pocas líneas. En el momento que Abraham decide obedecer a Dios por completo y va camino a sacrificar a su hijo, nos cuenta la historia que él no llevó ningún sustituto para Isaac. Abraham estaba dispuesto a sacrificarlo y creer que algo Dios iba a hacer en ese momento para que su hijo pudiera regresar con él.

ABRAHAM TUVO LA OPORTUNIDAD DE PRESENCIAR POR PRIMERA VEZ EL MILAGRO DE LA SUSTITUCIÓN Y LA PROVISIÓN.

Esta acción demostraba una seguridad de que Dios cumpliría su promesa y él estaba seguro de que así sería. Dios detiene a Abraham en el momento importante del sacrificio y le muestra que Él había preparado una provisión de antemano. Abraham no había visto la provisión hasta ese momento.

La realidad es que es tan solo en el momento de nuestro mayor sacrificio que veremos la provisión que ya Dios ha hecho de antemano para nosotros. No es hasta que caminemos con seguridad al lugar del sacrificio donde veremos la mayor provisión.

Surgen dos cosas importantes de esta experiencia y las razones por las que digo que para Abraham y para nosotros este es uno de los nombres más importantes de Dios. Primero, este momento es claramente profético. En este momento Dios estaba mostrando de antemano que había hecho provisión para la salvación del mundo a través de su hijo Jesús. Abraham tuvo la oportunidad de presenciar por primera vez el milagro de la sustitución y la provisión que Dios había hecho. ¡Qué privilegio el de Abraham de ver lo que Dios había preparado desde antes de la fundación del mundo!

Segundo, Abraham llama a este monte Jehová Jireh y dice que lo hace así para que todo el mundo recuerde que Dios ha provisto. Imagínate al pueblo de Dios caminando cerca de este monte y poder recordar que Dios tiene provisión para mi vida en los momentos difíciles. Nuestro camino sería más tranquilo si pudiéramos mirar a un lugar en nuestras vidas y recordar que Dios siempre ha provisto.

Tú y yo, como creyentes, debemos vivir por fe y no por vista. Debemos confiar en Dios cuando todo va bien y también cuando las circunstancias de nuestra vida sean complicadas porque, aunque todo lo que veamos nos diga que no habrá provisión, los ojos de la fe nos dirán lo contrario. El corazón de un creyente sabe que Dios puede hacer que lo invisible sea visible y es esa misma fe la que nos permitirá nombrar nuestras experiencias con Dios de la misma forma en que Abraham lo hizo. Podrás decir: "Jehová cura el cáncer" o "Jehová restaura familias" o "Jehová hace habitar a los solitarios en familia", dependiendo de tus propias circunstancias.

DIOS ES TU ESCUDO Y TU RECOMPENSA.

Como puedes ver, los nombres de Dios que le fueron revelados a Abraham tenían relación con las etapas más importantes de su vida y con lo que él necesitaba en ese momento. Los nombres de Dios no tienen que ver con récords o con cosas que estén pasando en el entorno de un nacimiento, sino con lo que tú y yo vamos a necesitar a lo largo de nuestra vida. Podemos aferrarnos a los nombres de Dios que Él mismo ha revelado para acompañarnos en cada momento de nuestra vida. Dios es tu principio y tu final. Dios es tu alfa y tu omega. Dios es tu escudo y tu recompensa. Dios es la vida eterna que recibiste al nacer de nuevo. Dios es tu provisión y tu herencia más preciada. Dios es tu Rey. Dios es tu Salvador. Dios es tu Señor. El mejor nombre de Dios es el que Él mismo usa para acercarse a ti en cada momento que lo necesitas.

16

LA LUZ MÁS ALLÁ
DEL *SPOT LIGHT*

Hay un concepto interesante que en inglés se denomina "*spot light*" y significa "resaltar con luz". Viene del mundo de la iluminación en el teatro y se refiere a esa pequeña área de luz en la que sucede lo más importante de la obra. Todo el escenario está iluminado y preparado para la puesta en escena, pero lo más relevante de la historia sucede dentro de ese pequeño haz de luz.

Cuando los famosos entran al *spot light*, los vemos en las revistas, en las redes sociales y en los programas de televisión. Incluso podemos sentir que los conocemos porque sabemos detalles de sus vidas y hasta algunos escándalos. Sin embargo, así como existe un momento en el que entran en ese *spot light*, también llega el tiempo en el que salen de los reflectores y ya no los vemos. De hecho, muchos de los artistas más famosos de los años noventa son prácticamente desconocidos hoy en día. Sabemos poco o nada de ellos, pero siguen ahí. Algunos siguen trabajando en la industria del entretenimiento. Otros decidieron vivir en el campo y se alejaron del ajetreo del mundo de la farándula. Algunos otros tomaron decisiones equivocadas que los llevaron a vivir experiencias realmente terribles. Todos entraron por un tiempo al *spot light* y luego salieron de él, pero sus vidas continuaron. El *spot light* es como el resaltador que usas cuando lees un buen libro. Subrayas lo que te gusta o impacta. Remarcas lo más importante según tu forma de ver o las frases que representan la cima de algún pensamiento.

En la historia de Abraham que vemos en la Biblia sucede lo mismo. Dios no nos muestra toda la historia del patriarca, pero sí comparte con nosotros aquellos momentos que Él quiso subrayar con un marcador fosforescente. Por ejemplo, no sabemos cuántos años tenían Abraham y Sara cuando se casaron, pero algunos textos antiguos, fuera de la Biblia, sugieren que estaban entre los veinte y treinta años, que sería la edad común para contraer matrimonio. Sin embargo, aunque no sepamos con exactitud ese dato, sí sabemos que Abraham entró al *spot light* de Dios cuando tenía setenta y cinco años.

Mientras Abraham y Sara estuvieron en el *spot light* bíblico de Dios, los vimos salir de Ur de los Caldeos, enterrar a su padre Taré en Harán, radicarse en Hebrón, mudarse a Egipto por una hambruna, volver a Hebrón, separarse de Lot, emprender una misión de rescate contra cinco naciones, interceder por Sodoma y Gomorra —sin éxito—, engendrar a Ismael con Agar, para sacarlos de la casa quince años más tarde, tener a Isaac a los cien años y casi ofrecerlo en sacrificio en el Monte Moriah. ¡Qué viaje de vida y fe!

Sin embargo, la historia de la "pareja de la Promesa" llegó a su fin en el capítulo 23 de Génesis cuando Sara muere a los ciento veintisiete años; sesenta y dos años después de haber entrado junto a su esposo al *spot light* divino. Abraham, ya anciano, escogió un terreno al oriente de la tierra en la que había vivido por unos cuarenta años con Sara, amplio, lleno de árboles y con una cueva especial. Abraham, el peregrino, enterró en un jardín a su amada, a su compañera de viaje, a su amiga. Y la lloró.

Dios nos invitó a caminar con este matrimonio por más de sesenta años a través de lo que Él mismo quiso subrayar, y termina esa hermosa historia con unas pocas líneas que resumen lo que Abraham vivió en los treinta y ocho años que siguieron al tiempo del *spot light* de Dios.

En esos casi cuarenta años que fueron la última parte de la vida de Abraham, la Biblia nos cuenta rápidamente que tuvo una nueva familia con una mujer llamada Cetura, con quien engendró a seis hijos más. Verás, no todos los capítulos de la vida del patriarca fueron resaltados en la historia bíblica, pero todos esos capítulos fueron bendecidos por el Señor. Aunque la familia de la "promesa" estaba formada solo por Abraham, Sara e Isaac, la familia de Abraham fue mucho más grande y contó con el favor de Dios. Así como el rey David, siglos después, tuvo a muchos hijos, pero uno solo heredó el trono.

Estoy seguro de que Abraham volvió a reír, porque el verdadero disfrute de la vida radica en vivirla con Dios, recibiendo de Él todas las bendiciones que su mano nos entregue. Dice la Biblia que Isaac se consoló de la muerte de su madre cuando conoció a Rebeca y estoy seguro de que Abraham, sin reemplazar a Sara, se consoló con Cetura y con las alegrías que le dieron cada uno de sus nuevos seis hijos.

Dios no te bendecirá solo en el capítulo más importante de tu vida, sino durante todo el tiempo que lo sigas y camines con Él. Abraham tuvo más hijos en los últimos treinta años de su vida, que en los primeros ciento treinta. Las últimas décadas de tu vida pueden ser hermosas, llenas de bendición y alegría. ¡Quizá salgas del *spot light* de Dios antes de partir a Su presencia, pero eso no significa que esos años no deben ser bendecidos!

A veces las personas "se casan" con una época en particular de sus vidas o en un momento en específico que para ellos fue importante, y toman ese momento como la cumbre de su existencia.

¿Te imaginas vivir setenta, ochenta, noventa años y tener solo 25 años de *spot light*? ¿Qué sucede con los otros años? El engaño con el *spot light* es que se nos olvida que ese rayo de luz se puede reducir o agrandar según se quiera o necesite.

Tú puedes hacer que esa luz brille sobre un espacio mucho más amplio al que donde lo has estado apuntando por tanto tiempo, pero en muchas ocasiones el error es enfocarlo en un solo lugar.

Tu caminar con Dios es un continuo, y ese es el verdadero *spot light* de tu vida. Es Él quien brilla, el que te hace relucir.

No traigas luz solamente sobre los momentos espectaculares, las grandes victorias y las metas alcanzadas. Aprende a valorar también los momentos de prueba que trajeron crecimiento, al amor, el cariño y la pasión que se escondían detrás de cada lágrima. Celebra también que Dios ha estado a tu lado aún en los momentos más difíciles de tu vida.

El *spot light* va a alumbrar solo aquello hacia donde tú lo direcciones y enfoques. Es hora de ampliar ese rango de alcance y comenzar a disfrutar no solo los momentos, sino a las personas, las experiencias vividas, los aprendizajes adquiridos y el crecimiento alcanzado, aún en la adversidad.

Jesús vivió 33 años sobre esta tierra, pero la mayor parte de lo que la Biblia relata son sus 3 últimos años. ¿Te imaginas cuántas cosas pudieron haber ocurrido en los primeros treinta años de su vida?

Si bien es cierto, queremos que las épocas de esplendor sean más, pero no hagas de los demás años, menos.

No importa si estás en la primera, segunda, tercera o cuarta edad, si caminas con Dios, caminas en vida y bendición. Jesús dijo que la vida eterna no comienza en el cielo, sino aquí en la tierra. La vida eterna, plena y feliz no comienza cuando mueres, sino cuando naces de nuevo, porque la vida eterna es conocer a Dios y que Dios te conozca a ti. Cuando leemos los capítulos 23 y 24 del libro de Génesis, vemos que Abraham no solo vivió una vida plena después de salir del "estrellato" bíblico, sino que se encargó de que el hijo de la "promesa", Isaac, también conociera a Dios y caminara con Él. ¿Qué herencia le estás preparando a tus hijos y a tus nietos? ¿Lo habías pensado? Hoy quiero inquietarte e invitarte a que pienses en tu legado y comiences a preparar la mejor herencia que puedes darla a tus generaciones: el amor y temor a Dios. Aparta tiempo con tus hijos y tus nietos, y enséñales tu fe. Háblales de las pruebas de la vida y de la ayuda de Dios. Enséñales a dar pasos de fe y a cavar pozos de confianza.

Si pudiéramos hacer cálculos, veríamos que el tiempo del desarrollo de la relación entre Abraham y Dios duró unos veinticinco años, pero después de ese tiempo vinieron los años del disfrute de la cima que el patriarca alcanzó en su caminar con Dios. Abraham vio crecer a muchos más hijos y nietos. Abraham vio cómo se comenzaba a formar la nación que Dios le había prometido. Y él no es el único ejemplo de esto en la Biblia; Pablo también llegó a este punto en el que pudo decir "cumplí con todo, estoy listo para irme", pero aún vivió un tiempo más de disfrute.

Podríamos incluso hablar del concepto de "retiro" en el que un creyente puede disfrutar en paz los frutos de todo su esfuerzo aun estando en esta tierra. ¡Qué maravilloso cuando los cristianos pueden ver que les queda más vida que propósito, que han terminado su carrera y que aún pueden disfrutar de las bendiciones que el amoroso Padre Celestial les concedió! ¡Qué hermoso es saber que los cristianos podemos estar seguros de que nos espera una eternidad de bendición, no solo en el "más allá", sino también en el "más acá" porque la vida eterna ya comenzó, ahora, aquí, en donde estás en este momento!

DIOS SE SIGUE MANIFESTANDO HOY EN LO EXTRAORDINARIO Y EN LO ORDINARIO.

Quizá tu viaje acaba de comenzar o tal vez ya llevas años, como Abraham, pero estás caminando con Dios, porque Él te invitó a ir a Su lado y eso es lo más maravilloso que te pudo haber pasado. Disfruta cada paso que das con Dios, disfruta sus bendiciones, disfruta sus palabras y disfruta sus silencios, porque tu vida se parece a la de Abraham más de lo que piensas. Probablemente tú no has visto zarzas ardiendo mientras escuchas audiblemente al gran Yo Soy. No has visto a Dios dividiendo el mar para que pases en seco, ni carros de fuego descendiendo del cielo. Quizá no ha llegado un ángel a saludarte en la sala de tu casa con un mensaje personalizado de parte de Dios, ni has encontrado maná en el patio de tu casa en momentos de prueba.

Abraham tampoco vio nada de eso. La vida de Abraham es extraordinaria porque es realmente ordinaria, porque es una vida gobernada por la fe y no por la vista. Dios se sigue manifestando hoy en lo extraordinario y en lo ordinario. Dios sigue siendo Dios cuando te da un milagro y cuando no, cuando habla y cuando guarda silencio. Dios sigue siendo Dios cuando te pide lo que tú más amas en esta tierra y, sobre todo, cuando te da lo que Él más ama en el cielo. El *spot light* de Dios puede durar días, meses o incluso años, pero su luz te acompañará toda la vida y en todo lugar. Busca la luz más allá del *spot light*.

EPÍLOGO

Sé que has sido inspirado y desafiado con este viaje a través de la vida de Abraham. Yo también lo fui cuando recibí la idea de escribir este libro. No tomes en poco cada paso que has dado, ten la seguridad que a lo largo de tu vida Dios ha reinterpretado cada portentoso milagro que encuentras en las Escrituras. ¿No lo crees? Haz memoria y piensa en ese momento en que Dios te permitió cruzar en seco en medio de un mar de dudas. O quizá medita en aquel momento en que parecía que se te había arrebatado todo, y te llegó la restitución con más de lo que esperabas. O quizá, como Abraham, las cosas no se daban como pensabas, quisiste darle una "ayuda" a Dios, retrasaste la bendición, pero finalmente llegó, y entendiste que Dios siempre la tuvo ahí, para ti.

Estoy seguro que lo puedes notar, Dios siempre está en control. Tu viaje de fe tendrá altibajos, qué duda cabe, pero de una cosa debes estar convencido: Él te acompaña en cada paso. Aún en esos momentos en que el viaje parece no tener el mejor paisaje, Dios está obrando.

Tu Padre hizo un pacto contigo el día que te vio nacer, prometió sostenerte y acompañarte en tu camino de fe; y Él es el mejor cumplidor de promesas. Por eso ahora descansa, respira, medita... y alégrate; porque no estás solo. Nunca lo estuviste. El camino es más llevadero cuando eres consciente de que estás acompañado y tienes la certeza que tu compañía no te va a dejar. Toma para ti las palabras que el Señor le dijo a Abraham. Son tuyas ahora. Siempre lo serán.

Yo soy el Dios Todopoderoso; anda delante de mí y sé perfecto.
Y pondré mi pacto entre mí y ti, y te multiplicaré en gran manera.
—Génesis 17:1-2

ACERCA DEL AUTOR

Otoniel Font es una de las primeras figuras en los medios hispanos y un aclamado comunicador en toda América Latina. Lo que habla y escribe transforma las actitudes y creencias de quienes lo siguen, y los motiva a mejorar en todas las áreas de su vida. En su llamado ministerial, su máxima prioridad es llevar a más personas a los pies de Cristo, que es el fundamento de la transformación espiritual, mental y emocional en el ser humano. Defiende el desarrollo del conocimiento como recurso indispensable para el crecimiento profesional.

Otoniel Font es el pastor principal de las iglesias Fuente de Agua Viva en Puerto Rico y la Florida. Sus mensajes se difunden a nivel internacional a través de Pura Palabra Media, radio, Internet y televisión.

Es autor de *Amistades que sanan*, *7 días para crear su éxito empresarial*, *Cómo recuperar lo perdido* y *El poder de una mente transformada*, traducido al idioma portugués.

Está casado con Omayra Font. Es padre de Joanirie (esposa del Pastor Abrahán Ferrer); Janaimar (esposa del Pastor Lundy Juárez); Jenibelle y Jillianne; y abuelo de Elania Grace.